美食也吹牛

尼可拉・凱瑟－布利
Nicolas Kayser-Bril——著
陳文瑤——譯

羅馬人的魔法藥水是魚醬？
以前喝咖啡加鹽不加糖？
鮭魚壽司不是日本傳統料理？
原來餐桌上的食物很有事！

BOUFFES
BLUFFANTES

推薦序

食材的烹調，本身便是人類歷史的一面明鏡

食物，於我們來說有怎樣的意義？對我們來說，只要走到街上，花一點時間，就能夠找到想吃的東西。都市人生活在二十一世紀的現代社會，大概會把吃到色香味俱全的美食視為一種理所當然。然而，大家是否想過，活在過去的人類，他們對食物的看法跟我們有沒有什麼不同？

從遠古開始，人類生活跟食物便息息相關。原因不言而喻，進食最重要就是要維持生命。我們的先祖做出不少嘗試，找尋各種各樣的果腹之物時，還會想如何確保食物充足和妥善保存。飢餓曾是人類社會最大

的危機和挑戰，經過漫長採索，農業終於誕生，人類至此好像征服了飢餓。

然而，人類對如何烹調和菜色設計卻沒有太多研究，進食還是以功能性為首要目的。例如選擇種植能在最少土地上產生最多收成的作物，或帝國向外擴張時選擇最易攜帶和保存的糧食，或選擇以穀物作為社會結構中最易進行稅收計量等等，一切一切看來以食物充飢的功能就是要支撐文明發展。

可人類從什麼時候開始，把進食由功能性變成娛樂性的？今天不再存在的各種烹調法或菜色是因何消失？甚或是，某些我們今天視為普通到理所當然的食材，在以前竟是十分珍貴，而一些過去被視為珍寶的食材，在今天卻變得一文不值，這些變化又是什麼原因造成？

這些看似純粹的烹飪問題，其實並不簡單，且與歷史環環相扣。既然解決飢餓是人類往前發展的重要基礎，那麼食材與烹調方法的變遷和演變絕對是反映人類歷史進程的一面明鏡。

例如香料出現前，歐洲人的主食既沉悶又淡而無味，食物只講求功能性。香料出現後，旋即一躍成為餐桌上的寵兒，為了輸入更多香料，更直接促進貿易發展，但香料突然又在世界舞台消失；又例如我們每每讀到歐洲爆發黑死病，往往一片愁雲慘霧，但瘟疫卻直接孕育了改變世界的食物革命；各種食材如馬鈴薯等從乏人問津到四處可見，往往讓我們意想不到的是，這些平凡而毫不顯眼的食材，竟是讓歷史進入轉捩點的主角。

在理解多國文化和歷史時，我們很自然地會留意這些國家的特色食材和菜色，因為對於很多人來說，一國之美食，直接就是代表該國文化強弱。就算是一國之內，兩個相隔不遠的地方，也可以孕育出截然不同的烹調方法與菜色。為什麼會這樣？食物與一國文化，如何受過去政治影響，在意識形態和源遠流傳下來的傳統，又怎樣被定義，怎樣被人工設計出來？這些都是我們在閱讀歷史時，以食材、烹調法和菜色作為另一角度觀察，才能夠得出結論。

我認為《美食也吹牛》就是以此為目標。這本書不是一本普通歷史著作，它沒有沉悶冗長的編年史，也沒有以統治者作為書寫本位，卻改以輕鬆玩味文筆，以各個時代興起的各種食材、烹調法和菜色，透視了當時的政治或社會風氣，以獨特角度解構那些耳熟能詳的歷史事件。值得一看再看又充滿趣味的是，書中更有教你如何製作各個時代的特別菜色。也許生於富足而有豐富食材時代的我們，也能有機會體驗一下古人當時喜愛食物的味道啊！

即食歷史版主／歷史普及作家　seayu

目次

作者的話

為什麼卡蒙貝爾（camembert）是法國人公認最具代表性的國家乳酪？為什麼不是艾珀斯（époisses）或瑪華勒（maroilles）？為什麼我們在咖啡裡加的是糖而不是鹽，就像某些國家從前的習慣？話說回來，為什麼我們會吃糖？

在料理書裡，我們看到一堆的如何：如何備料、烹煮和擺盤，而一旦問到為什麼，就推給傳統，不管這傳統是真有其事或根本出自編造。要認真回答這個問題的話，就必須深入烹飪史，了解歐洲大陸的政治，回到一萬年前，追溯我們飲食的演變。

從烹飪到政治，透過解構盤中飧的這些神話（不，薩瓦焗烤馬鈴薯〔tartiflette〕不是傳統菜色，K霸三明治〔kebab〕不是來自土耳其，肥肝〔fois gras〕①也不是源自法國西南方），我們會更了解周遭的世界。就像二十世紀中期的年鑑學派（l’école des Annales）那群歷史學家所提倡的：我們往往必須擺脫正史的束縛，才有辦法理解過去。有些無法透過觀察顯赫名人的生活來釐清的事件，一旦了解平凡婦女的日常，便會豁然開朗。例如，新教改革既關乎神學史，也跟奶油與橄欖油的歷史脫離不了關係。

所有這些食物的歷史，一頁接著一頁，都有意刺激各位的食慾。這就是何以在某些章節結束前，保羅．布迪耶（Paul Boudier）——這位足跡從法國遠至韓國，期間還去過義大利與墨西哥的大廚，會來做最後的調味。他那化繁為簡的精心提點，輔以這些真實歷史，將從廚房到餐桌一路陪伴您，很快地，您在料理上剛萌芽的天賦，將發揮得比傳說更淋漓盡致。

尼可拉．凱瑟布利，柏林，二〇一八年二月

① 譯注：Fois gras（肥肝）一詞從前在華文圈通常被譯為「鵝肝」，但近幾年逐漸被正名為「肥肝」，因為肥肝不一定是鵝肝，也可能是鴨肝。在本書裡除了幾個作者特別註明為鵝肝之處，其他均譯為肥肝。

一 史前時代

距今一萬兩千年前

——啤酒、紅酒和文明

若說今天人們懂得烹煮食物，而不是直接把周遭採集到的東西塞進嘴巴，是因為我們的祖先發明了農業。在一萬多年前的美索不達米亞（現在的伊拉克和敘利亞），他們放棄狩獵與採集，轉而變成農夫。這是為了不讓後代子孫忍受那種以苜蓿根和烤野鼠為主的舊石器時代飲食嗎[1]？他們某些人或許有這類先見之明，但我其實滿懷疑。

第一波農耕上的嘗試簡直是災難。那些小麥或大麥田的收成寥寥無幾，少到讓耕種的人拿來餬口都不夠。從第一波嘗試到農村社會的出現（亦即農業得以供應人們所消耗的絕大部分卡路里），這當中歷經了數百個世代的交替。在此，我指的是美索不達米亞，因為這個地區對接下來的歷史有著決定性的影響。但不管是中國的稻米或美國的玉米，我們總是會看到同樣的運作機制。

要是我們的祖先把時間精力花在狩獵和採集活動，而不是勤勞刻苦種植那麼點麥子，他們應該有更多東西可以吃。那為什麼天殺的……他們對農耕如此鍥而不捨？這說來其實是一段輝煌的歷史，尤其，是酒的歷史。

栽種而來的食物，好比鷹嘴豆或扁豆，比野生漿果來得稀有且好吃。它們專屬於部落的重要人物，在宗教節慶時用以區隔社會地位[2]。有點像是聖誕節的生蠔，只不過在這裡我們說的是鷹嘴豆泥。

豆類種植是一回事，但完全無法與穀物相提並論。穀物呢，不是讓它長成就好，接著還得敲打好讓穀粒與穗分開，搗碎研磨後再製成麵粉。為了做麵包，要費上好大的一番工夫。然而，我們的祖先種植穀物可不是為了吃那片麵包，而是為了釀酒[3]。

人類文明乃誕生自產酒的需求，歷史學家提出上述的假設已經有六十年了[4]。儘管這個問題尚無定論，一位加拿大考古學家——布萊恩·海登（Brain Hayden）所主導的最新研究，恰好呼應了這樣的見解[5]。有關人類釀酒最早的考古遺跡，可追溯到八千年前；但種種跡象顯示，第一批釀製啤酒的人應該早在距今一萬一千年時即出現。說是「啤酒」，其實這個標記人類邁入新石器時代的飲品，看起來比較接近糊狀物或是一塊含有酒精的麵團。（自此的三千年後，人類才開始釀葡萄酒，就出現在高加索南邊[6]一些對穀物種植已經駕輕就熟的群居社會，而他們很可能同時精通釀製啤酒的技術。這也給了俗諺「葡萄酒接在啤酒後，這才叫講究」一個歷史根據。）

酒精並不是人類使用的第一種精神藥物。地中海一帶的人在發現酒精帶來的愉悅之前，早就因為罌粟子而飄飄然；而中亞的部落也曾體驗過大麻的興奮感[7]。因此，世上最古老的職業不是釀酒師，而是毒品販子。我想酒精之所以變成人們偏好的精神藥物，是因為它效果較好。喝啤酒或是葡萄酒較容易讓人達到朦朧狀態，就算酒精濃度只有百分之五，也勝過嚼了半天的罌粟子。

史前時代的人類其實可以到此為止，自顧自耕種著面積少少的大麥田，醞釀他們的盛宴，並繼續以野味和野果填飽肚子。從很多例子可以看到，我們的祖先在農業、狩獵與採集活動之間輪替，有好幾個世代都放棄過田裡的工作——無論後繼者重拾農作與否[8]。若說非農業社會不復存在，以至於我們今天幾乎只吃農業產出的糧食，並不是因為那些非農業社會運作欠佳，而是他們遭到了其他能夠武裝男性去打仗的社會的屠殺。

這種朝向組織化與軍事化型態的演進，與農業息息相關，特別是穀物。並非穀物會讓生活更好（相反地，初期農業階段的人口都嚴重缺乏鐵等等[9]），而是穀物可以讓當權者課稅。每年在同樣時間收成、生長在地面、能夠貯存，擁有這三項利於課稅的穀物，只有小麥、大麥、稻米或小米這類作物。豆類，比如鷹嘴豆就不太適合，由於它們一年四季都可以採收，導致稅務員查驗時，無法知道要依多少總量來課稅。根莖類諸如紅蘿蔔或是芹菜根，它們生長在地底，太容易隱匿了，只要把地表莖葉砍掉，不要挖出來收成，就能騙過當局的雷達。但是穀物呢，無論是收成之前在田裡搖曳或之後存放在穀倉，要課稅都輕而易舉[10]。

最早那一批小國的君主，藉由重新整合其領土上的人民，強制男人和女人從事田作，讓農業生產力得以提升，甚至收成超乎預期；這也促使非農業的專業人士像是書記官、鐵匠或軍人得以出現。從此，狩獵、採集者的命運已成定局。各個政權在穀物生長之處一一紮根、擴散。起初節奏很緩慢，十七世紀（這個年代有一半的人口仍以狩獵和採集維生）之後則迅速發展，而國家權力介入整個領土及其子民。

農業成為當權者用以支配社會的絕佳手段，但也讓我們得以發明新的菜餚，察覺新的味道，甚至在經過數千年後，給了我們擺脫飢餓的可能。一如文字，為了清點奴隸與計算稅額而被發明出來，隨後卻給了我們詩歌。到頭來，這一切也沒那麼黑暗嘛。

上菜！

啤酒，文明的基礎，它能就著玻璃杯品飲，也能入菜裝盤。要做一道美味的啤酒燉牛肉（carbonnade），首先挑選一塊富含膠原蛋白的牛肉，比如牛臉頰肉或是牛肩；切塊，放入燉鍋煎至明顯上色後取出。接著依次放入紅洋蔥、蔬菜（紅蘿蔔、蒜、西洋芹等，您開心就好）。等到洋蔥等蔬菜也炒上色後，放入牛肉塊，倒入啤酒至淹過所有材料，修道院啤酒（trappiste）尤佳。再加入雞高湯或是高湯塊，少許胡椒粒和一顆馬鈴薯（燉煮後會化成泥，增加湯汁濃稠度，遠勝過玉米粉勾芡的效果），以文火燉煮三小時。

您也可以拿紅酒來燉牛肉（一小瓶波爾多就夠了），做法相同——但這一次，把馬鈴薯換成一罐去皮番茄丁。若是您打算燉久一點（比如六小時），那您將會獲得一鍋跟義大利麵超合拍的肉醬：原汁原味的 *pasta al ragù*（肉醬義大利麵）！

西元前五十年

㊁ 古代

①

——羅馬人的魔法藥水是魚醬

西元前五十年，羅馬人統治著整個高盧地區，還有義大利、希臘，以及地中海一大部分區域。他們的訣竅何在？一支強大的軍隊、嚴謹的政治結構、還有……一點點魔法藥水：魚醬（garum）②。總而言之，這是多位歷史學家的意見，儘管他們不會用「魔法藥水[11]」這樣的說法。魚醬是一種以魚為基底的調味醬汁，讓羅馬人可以增加其食物中的蛋白質又不會腐壞。在蛋白質的加持下，他們健康狀況絕佳，在戰場上自然也更驍勇強大。

這則歷史故事的問題，在於相關史料極為有限。首先，羅馬作家並不擅長做菜。老普林尼（Pline l'Ancien）和塞內卡（Lucius Annaeus Seneca），這兩位古代文學史上的重量級人物，都把魚醬形容成魚類腐敗後的殘渣[12]。實際上，魚醬是把魚浸漬在鹽裡發酵後的結果，恰好能避免腐敗[13]。魚內臟裡的酵素讓魚肉變質，產生一種富含蛋白質與微量元素、且鮮味（umami🍴）③明顯的褐或黑色液體。

之於歷史學家，這還牽涉另一個問題：魚醬的概念定義得不夠周全。諸多資料談論的似乎主要是「盟友魚醬」（garum sociorum），一種非常高級，以鯖魚和紅鮪魚[14]的內臟為基底製成的黑色濃稠液體；但大部分羅馬人買的是一種較清澈、呈褐色且更稀的液體，接近現在我們可找到的越南魚露[15]。好啦，這就是我們任由那些男性撰述大寫歷史

---

① 譯注：古代（Antiquité），一般史學上大致以有文字紀史的西元前三二〇〇年左右到西元四七六年羅馬帝國瓦解來劃分。

② 譯注：魚醬（garum）類似今日的魚露，但在文中特指希臘、羅馬時期所用的醬料，為避免混淆，故以「魚醬」稱之。

③ 作者注：鮮味（umami，日文裡「美味」的意思），跟酸、甜、苦、鹹並列，是第五種舌頭中有其味覺受體的味道。鮮味已被證明從一九〇八年即存在，然而——難道因為發現者是日本研究者之故？——法國的味覺權威始終拒絕承認它的存在。帕瑪森乳酪、番茄或是蕈菇都擁有突出的鮮味。

（Histoire）會發生的事。

儘管原始資料模稜兩可，我們還是必須承認魚醬確實是個絕妙的創意。在發明出冷藏貨櫃的數千年前，這種醬汁讓人們得以直接在魚類被釣起的地方提取其養分，將之濃縮，並運送到遙遠的地方！而且這醬汁結合了兩種好處：除了魚類的養分，還含有百分之十五左右的鹽分。總是隨時準備批評個兩句的老普西尼，只注意到魚醬是種昂貴且古怪的調味方式[16]，殊不知，鮮味會凸顯鹹味：鹽的用量減少，菜餚卻能更鹹[17]，羅馬人因為魚醬可省下了不少錢。

蛋白質、礦物鹽含量豐富又易於攜帶，魚醬有很多優點。只是，這距離它成為羅馬共和與羅馬帝國成功的關鍵還差得遠。當然，羅馬軍團大舉出征時會吃魚醬，但是他們也吃在高盧、日耳曼尼亞（Germanie）或大不列顛島取得的豬肉和牛肉[18]。一些學者從羅馬時期的骸骨分析中發現魚醬的痕跡，但它的量還不足以成為羅馬人主要的蛋白質來源[19]。

魚醬不必成為魔法藥水，其實對羅馬人而言，它扮演著根本的角色。要是有人從出生到死亡每天都吃著同樣的東西——就像絕大部分的羅馬人一樣——能有一種如此美味的醬汁在手邊，當然會增添生活樂趣。的確啦，麵包和馬戲④是維持公眾秩序之必須，但是，在混合了穀物的碎豆糊裡（多數羅馬人的基本食物）來幾滴魚醬，想必對羅馬政治制度的歷久不衰也多少有點貢獻吧！

④ 譯注：「麵包和馬戲」比喻政府只做表面功夫的愚民政策。這句話出是羅馬詩人尤維納利斯（Juvénal）所寫的一首詩 *Panem et circenses*（麵包與馬戲），內容諷刺人們忽視自身的政治參與權，而滿足於有麵包可溫飽，有馬戲可供娛樂消遣。

上菜！

現今最昂貴且最負盛名的魚醬，無疑是日本的魚醬油（ishiri），以烏賊的內臟為基底製作。我們在法國四處打聽，就是找不到。法國當地較容易看到的是義大利鯷魚露（colatura），它以鯷魚為基底製成，堪稱第二選擇，在義大利食品雜貨店或網路上都有販售。而能在超市買到的那種以整條魚做成的越南魚露（nuoc-mâm），則接近一般羅馬人經常食用的魚醬。

若是想為料理增添一些泰國或越南風情，您可以淋點越南魚露在紅蘿蔔、大黃瓜或是青木瓜沙拉上。一般來說，您在做菜的時候都可以嘗試滴個幾滴，這種增味劑跟番茄、燉牛肉湯或是生魚料理很搭。

三

第四世紀

羅馬帝國的終結

——貪腐與貪吃

如果魚醬這麼神奇，為什麼人們不再吃它？事實上，魚醬隨著羅馬人對烤母豬乳房的熱情以及躺著用餐的習慣（他們認為左側躺有助於消化[20]）而消失。甚至，再也沒有任何廚師端出這道羅馬盛宴的典型菜色：鴕鳥肚包閹雞肚包鵪鶉肚包圃鵐……為什麼這樣的手藝會失傳？因為羅馬帝國在第五世紀時崩解。它為什麼會崩解？這就值得玩味了。

教科書告訴我們羅馬人是因為抵擋不住蠻族①的入侵而敗亡，而蠻族進入帝國領地是因為匈奴人西遷歐洲所致。這種論調在那些察覺文明衝擊與「大取代」（grand remplacement）②的先知耳裡很動聽，卻不太可靠。為什麼蠻族要等到第五世紀才侵略羅馬？羅馬帝國一直有好些好戰的鄰居，但直到當時他們都還被管得服服貼貼，沒出半點岔子。光是幾千名匈奴人可沒辦法讓天秤失衡，是羅馬人明顯變弱了。凱薩（Jules César）在西元前五二年攻克高盧的時侯，他的軍團一字排開有十萬人；而四個世紀後，他的後繼者在阿德里安堡戰役（Bataille d'Andrinople）只勉強湊到兩萬名堪用的兵力，在哥德人跟前顏面掃地慘不忍睹。帝國何以衰弱到這樣的地步？在歷史學家拉姆齊．馬克穆倫（Ramsay MacMullen）看來，是因為他們任由貪腐侵蝕到帝國的骨子裡。羅馬的層層體制，在那些年間飽受有錢人貪得無厭地啃蝕，且他們始終將自己的利益置於帝國利益之前[21]。

---

① 譯注：即日耳曼人。

② 譯注：大取代（grand remplacement）是一種極右、具有種族歧視且仇外的陰謀論。在十九世紀末即出現。根據此理論，法國和歐洲人口將會由主要來自非洲撒哈拉以南和馬格里布地區的非歐洲人口所取代。這樣的取代將涉及文明的改變，且政治菁英、知識份子、歐洲媒體根據其意識形態或經濟利益支持這樣的取代過程。此理論在二十一世紀被法國極右派作家赫諾．卡繆（Renaud Camus）重新引介並大力推廣，且特別為法國極右派運用於「認同運動」中。（資料來源：https://fr.wikipedia.org/wiki/Grand_remplacement）

有些羅馬作者注意到這種貪腐，把它算到廚師頭上。蒂托・李維（Tite-Live），西元一世紀時的歷史學家，認為貪腐的開端就從廚師身分自最下賤（「最讓奴隸痛恨」，他寫道）躍升為藝術家的時候起[22]。的確，有錢的羅馬人將飲食化為富裕的象徵，還極盡放縱張揚之能事。西元二世紀的哲學家普魯塔克（Plutarque）轉述道，在羅馬城，光是一條魚的交易金額竟然比一整頭牛還高昂，而且這樣的情況頗常見[23]；另一位歷史學家，活在西元四世紀的阿米阿努斯・馬爾切利努斯（Ammianus Marcellinus），則從他那個時代過度奢華的宴會，窺見了壓垮帝國之軍事災難的起因[24]。不過，請各位放心，二十世紀的歷史學家已經替廚師洗刷了罪名：貪腐的機制在於金錢，而非料理。

羅馬帝國並不像現代國家是透過臃腫的官僚體系串連，其維繫要歸功於大地主的侍從關係網，他們管理所屬村莊或城市生活中的各個面向。這些羅馬公民與高層的連結，讓文化與人文的交流得以在廣大無邊的領土上進行：從敘利亞的安提阿（Antioche）到西班牙的加地斯（Cadix）。自羅馬帝國初期，西元一世紀起，羅馬的富人便開始巧取豪奪大部分行政運作空缺來鞏固他們的權力。這些職位從前是根據功勳授予個幾年，如今卻可買賣且成為世襲。發現問題的那些皇帝，試圖制定新的法律加以補救。然而，倘若司法掌握在這些有權有勢者手裡，又如何能將之定罪？尤其當皇帝本身也藉機中飽私囊，他哪還有興趣打擊貪腐？暴增的法條，導致有時法律互相矛盾，更加劇了局勢的混亂。財力較弱的公民無法從貪腐體系中獲利，再也不信任這個讓羅馬帝國一路走到巔峰的司法制度。法官與證人可行賄收買，人們甚至可以在一些法院的階梯底下發現其價目表。

很快地，無所不在的貪腐便觸及帝國的關鍵組織：軍隊。每個負責後勤補給的官員，都從撥給士兵的軍餉中拿走一部分，導致送到前線的糧食配給經常太少，無法讓軍隊吃飽。有些軍事駐地在經濟考量下只能荒廢，士兵被迫住進城裡。而因為沒什麼東西可以吃，為了存活他們便毫不客氣地向城邦居民勒索，帝國自此變得比野蠻人還要野蠻。

這樣的情勢，隨著基督教這種反奢華的新興意識形態於幾十年間擴展、普及到整個帝國後，更難以為繼。福音對於富人應該遭到何種蔑視，有著明確的教導（比如馬可福音第10章第25節即寫道：「駱駝穿過針眼，比富有的人進入神的國更容易呢！」③），數量日益龐大的基督徒，越來越難以忍受羅馬貴族與菁英的貪腐[25]。

貪腐、持續擴大的不平等與維護窮人的新興宗教所形成的爆炸性集合，將帝國推向盡頭。哥德、法蘭克和汪達爾諸王只消推門直入，即可奪取再也無人捍衛的權力。羅馬人自己也逃離帝國投奔哥德人或匈奴人，跟著他們，日子過得（也吃得）好多了[26]。

要是我們不再吃鴕鳥肚包圃鵐，不再側臥長沙發椅，並不是因為蠻族的緣故，而是羅馬的政治制度自行解體。在十六個世紀後的今天，幾乎整個羅馬的烹飪文化都消失了，即便摩德納（Modena）的方濟各會酒館（Osteria Francescana）、媒體寵兒主廚馬西莫・波圖拉（Massimo Bottura）試著重新將魚醬放進菜單裡。而唯一一道歷經世代更迭，最後在法國找到新庇護所的羅馬菜是：肥肝。

③ 譯注：本處譯文引自《中文標準譯本（繁體）》，由全球聖經促進會（Global Bible Initiative）出版。

第五世紀

四 猶太教

——猶太飲食戒律如何拯救肥肝

隨著羅馬帝國從西元五世紀以來的瓦解，掠奪與搶劫日益猖獗。旅行的花費變得十分昂貴，大部分當時羅馬帝國統治下的日常產物也一一消失，比如魚醬，其生產原本集中在伊比利半島的大鹽沼；或增脂睡鼠（l'engraissage du loir）①，一種跟老鼠體型差不多的齧齒動物。然而，有一種深受羅馬人青睞的奢侈品卻毫無障礙地跨越時代，那便是肥肝。

第一批用灌食法把鵝隻養肥並吃掉牠們肝臟的是埃及人，距今已好幾千年。他們一定是看到鴨鵝在每次遷徙之前都會大量進食，以便把脂肪貯存在肝臟裡——而顯然他們也發現，經過如此滋養的禽類味道很好[27]。希臘人、羅馬人接連將這個點子納為己有，開始了這項鴨鵝灌食產業，並在幾百年間，讓他們宴會上的賓客眉開眼笑，直到羅馬帝國沒落。（這些蹼足類當時是以無花果填餵養肥，現在我們說的「肝 *foie*」，便是從拉丁文的 *ficus*，無花果一字演變而來。）

如果說灌食的技術與對肥肝的垂涎在中世紀時並未消失，那要歸功於猶太人。我們所說的 *cacheroute*，也就是猶太飲食戒律，禁止食用豬肉及其衍生食品。使用豬油來炸燕麥餅不可能，以奶油快速翻煎牛排當然也無法想像，因為他們的飲食戒律禁止混合奶製品與肉類。橄欖油或芝麻油是古代晚期在地中海盆地唯一可用的兩種植物油，既昂貴又不是隨處可得。那麼就只剩下鵝和鴨，牠們絕大的優勢是體積夠小且強壯，在任何情況下都能飼養。藉由灌食鵝隻，猶太人有了符合猶太潔食的油脂來源，之於他們，鵝油便是豬油（saindoux）的替代品。

一種肉類若要符合猶太飲食戒律，必須把血去除乾淨，猶太人會用抹鹽的方式來處理。肝臟呢，恰好相反，被認為完全由血所組

---

① 譯注：根據里昂第三大學教授 Tilloi d'Ambrosi（他專攻羅馬時期飲食、營養學與醫學）在一篇訪談中指出：睡鼠是羅馬人偏愛的菜色之一，他們會將睡鼠放在特製的罐子裡，讓睡鼠誤以為冬天到來而拼命進食增肥。（https://hospitam.hypotheses.org/1218）

成（順道一提，這是錯誤資訊），所以增加了潔食處理的難度。唯一將肝血去除的方式便是透過烹煮——或烤或煎來讓它凝固。目前，拉比（Rabbi）②的共識是肥肝若在烹煮過後能減輕五分之一的重量，則可視為潔食[28]。在如此限制下，中世紀的猶太人很可能本身並不吃他們養出來的鵝肝，而是賣給基督徒，維持了歐洲消費者對這種奢侈品的嗜欲[29]。

打從西元一世紀第一次猶太羅馬戰爭結束後，耶路撒冷聖殿被夷為平地，猶太人開始流竄至羅馬帝國各個區域。這樣的遷徙移居隨著世紀輪轉持續著，猶太人因此漸漸在整個歐洲開枝散葉，而灌食鵝隻的技術也隨之移動，並在羅馬帝國崩解後成為猶太獨門絕活。中世紀沒有任何書面資料談到肥肝，在基督教歐洲這種沒出版過任何一本烹飪書的地方，當然不會有；阿拉伯人呢，明明是那個時代的品味大師（見第六章），也未曾提及。這讓人猜想當時的哈里發大概不吃鵝肝，而居住在穆斯林領土的猶太人並不養鵝。真要解釋的話，應該是當地盛產橄欖油，可供給符合猶太飲食戒律的油脂之故。

在十五和十六世紀開始出現的烹飪論述裡，提到猶太人在波希米亞地區（現在的捷克）、德國或義大利販售肥肝[30]，直到一九四一至一九四五年的大屠殺之前，肥肝產業幾乎是由他們所壟斷。在法國，生產肥肝的地區原本是亞爾薩斯和洛林省等可看到猶太人蹤跡之處（因為這些區域在法蘭西王國於一三九四年大規模驅逐猶太人時，還不是其領土），後來法國西南部才投入這項產業。

一位異想天開的歷史學家甚至將生產肥肝的灌食法視為反猶偏見的來源之一[31]：從羅馬人開始，飼養者就想藉由降低鵝隻的活動量來讓產值最大化——的確，在養鵝場跑跑跳跳燃燒掉了一卡路里，就少了一卡

②編注：猶太人中的精神領袖與領導階層，社會地位較崇高。

路里來形成脂肪——於是人們把鵝隻關在暗無天日的地方，或更常見的是，挖掉牠們的眼睛。這當然會讓我們聯想到中世紀時，猶太教是以一位蒙著眼的猶太女性來代表的畫面。這個猶太教的象徵，亦即與基督教會（Ecclesia）對立的猶太會堂（Synagoga）形象，其雕像在史特拉斯堡、梅斯（Merz）的大教堂牆面，或巴黎聖母院大門右側都還看得到，夏特（Chartres）大教堂的鑲嵌玻璃上也有。只是這種詮釋不免過於牽強附會，因為蒙著眼主要意味著猶太人拒絕看見基督徒的真理（福音的訊息），不是指被餵撐了的鵝。

將節慶時買來的罐裝肥肝切片擺在麵包上，搭配切丁的無花果乾，這確實相當美味，但不免了無新意。要擺脫一成不變，您可以大膽買下整塊肥肝。花個五十歐左右，您就能在肉舖買到五百克的完整肥肝，然後嘗試用新的方式來料理它：比如放入鴨肉高湯。

為了製作高湯，我們要買一些鴨翅（每公斤五歐）。將鴨翅用平底鍋煎至上色，隨後放入烤箱烤至金黃，甚至接近褐色。接著，拿一個深鍋炒蔬菜——紅蘿蔔和紅洋蔥是基本款，也可以放手加入薑、香茅或是青檸葉（kaffir lime leaves）。炒上色後，加水至淹過所有蔬菜，用大火煮滾數分鐘，撈掉浮沫，加入鴨翅，再以文火燉煮三到六小時。隨後用濾布（或濾勺）過篩，只取湯汁——也就是您的高湯（鴨翅可以留著做成鴨肉餡）。接著處理肥肝：先把刀子用爐火燒熱或浸入滾水片刻，將肥肝切成骰子般的方塊大小備用。取數個碗，放入肥肝丁、蔬菜丁（紅蘿蔔、小洋蔥和生的西洋芹切小丁），之後在每個碗裡倒入滾燙的鴨高湯，您的肥肝會馬上被燙熟。最後再用越南魚露或醬油加以調味，喜歡的話，甚至可以淋點覆盆子醋。

七世紀開始

㊄ 中世紀盛期

——沒牙別想吃圃鵐①

羅馬帝國以降，歐洲在烹飪領域上如一灘死水毫無創新。這當中主要的問題，是掉牙。羅馬人有一套相對健康的個人衛生習慣，這要歸功於他們對溫泉的熱衷。帝國內遍布水道，輸送著可生飲且豐沛充足的水，幾乎所有人民均可受益。而在羅馬城，人們經常洗澡，且注重牙齒保健。然而，帝國從西元五世紀開始崩壞後，諸多設施無人養護，個人衛生習慣也變差了[32]。隨著貿易衰退，食品買賣越來越稀少，加上壞血病，一種由於缺乏維生素C所引起的疾病，破壞了口腔。（就算沒有壞血病肆虐，只要一兩個冬天缺乏維他命C，也會導致掉牙。）在中世紀晚期，人們牙齦萎縮的狀況是那麼嚴重，以至於到了三十歲要是牙齒沒完全掉光，簡直就是奇蹟[33]。而沒了牙齒，自然難以好好品嚐古代美味佳餚的精緻。

中世紀其實不是個完全黑暗的時期，掉牙騎士早、中、晚都吃穀物糊的日子，並沒有持續一千年之久。甚至，中世紀（英國人更是毫不客氣，乾脆稱之為*Dark Ages*，「黑暗時期」）的概念是一種近期的產物，十九世紀才出現[34]。當時的歷史學家朱爾・米榭勒（Jules Michelet），推廣了至今學校仍在教的羅馬時期、中世紀與文藝復興這種歷史劃分，因為他想展示在資本主義、進步時代到來之前的世界究竟有多可怕。米榭勒想必有個隱藏版的行事曆，他在拿破崙三世執政的法蘭西第二帝國盛期撰寫這些理論，意圖指出共和政體優於君主制度。由於深信自己這份任務的正當性，只要能自圓其說，他竄改歷史毫不手軟。比如散播中世紀領主可以在他的僕從新婚夜時，奪走其妻子的初夜[35,36]，這類「初

① 譯注：圃鵐（ortolan）是種體型很小的鳥，肉質纖細油脂豐富，在羅馬帝國時期是王公貴族專屬。品嚐烤圃鵐時會拿餐巾遮住，才好專注享受，吸吮其油脂，幾乎可以整隻連骨帶肉吃淨，沒有牙齒當然難以享用。可參考法國國家視聽研究院（INA）資料影片：https://youtu.be/SEPMuyGe7dg。而一九七九年起，歐盟禁止獵殺圃鵐並將之列為保育動物。

夜權」（droit de cuissage）神話根本不是真的，但是為了抹黑中世紀的形象，過分誇張又何妨。

法蘭克王朝接手後，像是克洛維一世或稍晚的查理曼大帝，實際上沒有替高盧的居民帶來什麼改變。羅馬帝國已經殘破不堪，從西元四世紀起就飽受內戰持續不斷的紛擾，至少在西半部是如此。法蘭克諸王延續羅馬帝國各地王公挑起的戰爭，但是不更動帝國的體制，例如奴隸制度或基督教會（教區都是羅馬帝國行政區）。從羅馬帝國過渡到法蘭克王國並沒有突如其來的劇烈變化[37]——我們最好是重新檢視米榭勒的歷史劃分。

法蘭克人主要的新菜色是烤豬。肉類從前在羅馬人的餐桌上未必是主角[38]，但現在卻成為餐桌的門面。眾人就著桌上堆積如山的烤肉大快朵頤，而且豬要夠肥。精緻不再是法蘭克人的訴求，他們以量取勝。的確啦，沒有牙齒的話，來個一公斤撕碎的豬肉，或用今天的講法就是手撕豬*Pulled pork*，勝過一盤帶血牛排。

肉類在那個時代的餐桌上能見度如此之高，連窮人都有得吃——但他們只能吃牛，因為當時貴族菁英偏好豬肉[39]。烤肉的聲譽無疑是從這個時代建立起來的。窮人把牛肉放到湯裡煮，類似今天的蔬菜燉肉鍋，免得漏失半點油脂；而富人串烤他們的豬。他們偏好串烤，是因為比起水煮（最高溫不超過攝氏一百度），火烤時會出現梅納反應，那是種化學反應過程，當有機物質加熱到攝氏一八〇度時顏色會變深變褐，並產生多種芳香可口的化合物。

其餘的食物，在法蘭克國王統治下實在乏善可陳。比如查理曼大帝好了，他是個愛吃乳酪的人。某天，他發現一種很像布利乳酪的乳酪，便命令當地的主教每年運個兩車給他[40]。然而這位神職人員無法滿足他的王，不是牛奶短缺，就是製作乳酪的奴隸人力不足（不過史料沒有明確指出，何以查理曼大帝拿不到他要的布利乳酪）。要是連這個基督教國家中最有權有勢的皇帝都無法吃到他想吃的食物，奴隸和農民的飲食處境可想而知。

儘管法蘭克人沒有替歐洲美食帶來任何講究的菜色（在那個時代想過得快活，最好是當阿拉伯人——他們發明了很多至今仍沿用的烹飪技巧），卻把肉類拱上高台，此後這種食物再也沒有從台上離開。或許是因為他們，現在的歐洲人無法停止吃肉。這真是我們環境最大的不幸啊。

上菜！

要做一道軟到連沒有半根牙的法蘭克諸王都能痛快大吃的豬肉料理，先去買一大塊豬肩肉吧（只買一小塊也可以，整個豬肩肉大概三到四公斤）。脂肪和骨頭尤其要保留起來！先將豬肉放進高湯裡，燉煮四到十小時，期間要確保高湯淹過豬肉，不能讓肉乾掉。經過數小時的燉煮，豬骨釋放出的膠原蛋白水解變性，會讓這道豬肉入口即化。燉煮完成後，趁熱將豬肉撕成絲。如果您任由豬肉冷卻，那些膠原蛋白會凝結成塊變成吉利丁，這樣可會有損您在賓客前的威風。

六

哈里發

十世紀起

——阿拉伯人的料理革命

正當法蘭克人繼續依循羅馬社會規範，許多奴隸和一些自由農民在諸王征戰期間仍勤奮工作時，阿拉伯人和他們新興的宗教伊斯蘭教，徹底改寫了遊戲規則。在阿拉伯世界，奴隸不像在基督教國家一樣是畜牲，他們也是人[41]。他們通常較少遭到打壓，較常出頭，又因為奴隸與主人的孩子生來即擁有自由[42]。有些歷史學家甚至斷言這些在穆斯林國家的奴隸之子會自動被歸為自由人，但這說法有待商榷[43]。無論如何，自由的人口是變多了。結合革新的土地政策，伊斯蘭教「任誰開墾了那塊土地，他即成為土地的主人[44]」的作風縮減了不平等，帶來創新的蓬勃景象。在飲食部分，則表現在一系列作物的引進，讓地中海沿岸的飲食發生全面的變化，至今我們仍可察覺一二[45]。

糖、茄子、朝鮮薊、菠菜、柳橙以及 *massepain*（在亞爾薩斯也被稱為 *marzipan*，也就是杏仁膏），這些名稱在詞源上來自阿拉伯文，歷史上則來自阿拉伯人。檸檬（citron）這個字出自拉丁文與羅馬人熟知的枸櫞（cédrat），但是我們現在的檸檬，像是*limone*和*lemon*這兩個字，都來自阿拉伯文。酒（alcool），在蒸餾機（alambic）裡製造，這兩個字的字頭al更讓人確定它的來源①，這沒什麼好大驚小怪，因為發明蒸餾技術的正是阿拉伯人。為什麼這些物產和技術會傳播到基督教歐洲，且普及到讓人們根本忘了它們是外來的？

在第二個千年的初期，基督徒仍處在數個世紀以來的戰爭狀態中，儘管查理曼大帝於九世紀初，試圖在過去羅馬帝國的部分領土上重新建立起長久的和平。相較於巴格達（Bagdad）、大馬士革（Damascus）或是較晚的費茲（Fez）和哥多華（Cordoue）的繁華榮景，當時巴黎或倫敦的文化生產可說是不存在的。在那個時代，西元六至十一世紀之間，以拉丁文（當時基督教文化所使用的語言）出版的食譜集錄不用五根手

① 譯注：al為阿拉伯文的定冠詞。

指就可以數完，反之阿拉伯人大概編有數十本[46]。雖然閱讀食譜不是歐洲知識份子的主要目的，他們也學著讀阿拉伯文以獲取這些知識。效法阿拉伯人，即是模仿文明世界。

倘若法蘭克人和阿拉伯人沒有接觸，這樣的影響大抵就僅止於一種流行風尚。某些風潮——比如十八世紀時法國對中國的迷戀——最終無法形成文化混種，加上各文化間缺乏實際具體的互動，人們往往滿足於一再重複那些陳腔濫調與偏見。跟阿拉伯人則完全不是這麼回事。

大概在西元一千年左右，歐洲的奴隸制度走到了盡頭。由於戰爭減少，囚犯減少，奴隸自然也少了。大地主再也無法生產足夠的糧食來養活他們的奴隸。而隨著農村的基督教化，奴隸與自由農的區隔失去了意義，因為這兩個群體每個星期日都在彌撒時碰面且日益親近——包括彼此通婚，儘管這是被禁止的。很快地，過了一個世代，大約是九九五到一〇三〇年間，奴隸消失了。成為自由農的奴隸當然想繼續擁有自由，並開始讓上頭的人明白這一點，但是勇於反抗的人卻遭到當權者所殘殺。接著，貴族創造出一種新的社會階級來取代奴隸制度：封建制度。奴隸被解放為自由農，但是自由農從此成為農奴。農奴不像奴隸屬於某個主人，他耕種田地並將收成的一部分交給領主。對土地所有者來說這是利多，因為他再也無須在歉收的季節供養奴隸；而對農奴而言，他可以保有自己一部分的收成[47]。

這種新興作法無法讓基督教王國與穆斯林國家就此平起平坐，但是它活化了經濟，帶來軍隊的復甦，而阿拉伯人正是從此時開始沒落。他們曾經活躍的東征西討緩了下來，而安達魯西亞（Andalousie）或馬格里布（Maghreb）那些新興的酋長國擺脫了巴格達的控制。法蘭克國王率軍攻打西班牙、西西里島和黎凡特（Levant），隨著軍隊勢力的起落，不同階級的通婚與貿易，這三個領地的阿拉伯文化滲透到基督教王國的風俗習慣裡。菠菜、朝鮮薊、蔗糖以及最重要的、製作義大利麵不可或缺的硬質小麥②（後面我們會談到），就這樣輾轉進入歐洲。

阿拉伯的食譜與烹飪技巧，也藉由替某些法蘭克貴族服務的阿拉伯廚師傳播開來。比如肉凍（aspic），先將肉燉煮後在肉湯裡冷卻結凍再上桌；或醋漬魚（escabèche），把魚浸漬在酒醋裡的醃漬料理，都是直接從哈里發的廚房傳來的技巧[48]。基督徒在好幾個世紀裡嘗試模仿阿拉伯文化，然而他們笨拙的努力沒什麼結果。要等到十四世紀大瘟疫期間部分人口的突然死亡，歐式料理才開展出自己的一片天。

②譯注：硬質小麥就是我們常聽到的杜蘭小麥，「杜蘭」是拉丁文「硬質」（durum）這個字的音譯。

十四世紀

㈦ 黑死病

——腺鼠疫帶來的饗宴

阿拉伯人所發展的卓越飲食文化，在十個世紀後的今天仍影響著我們。然而歐洲本身的革命，我們的社會結構、飲食習慣的源頭，是一三四八年的黑死病。要了解鼠疫何以改變了整個歐洲，不妨稍微往前回溯。

在第二個千年初期那幾個世紀，奴隸制度的瓦解讓歐洲宛如活在黃金時代。儘管農奴制有很多缺點，對於飽受壓迫的人來說，相較於奴隸，這個制度卻大幅改善了他們的生活條件。封建領主不佔有農奴的身體，而是要求他們用一部分的收成支付地租，農奴因而有了工作的動機好賺更多的錢。一個奴隸無論做了多少工作，拿的始終是同樣報酬（一份供他存活的配給糧食）；反之一個農奴，雖然越是勤奮，交付給領主的收成就越多，但也能保留更多自己付出勞力的成果。那些農奴很快就理解箇中道理而投入工作。在西元一千年到一千三百年間，歐洲人開墾森林，抽乾沼澤的水，建造了至今仍屹立不搖的哥德式教堂。然而，到了一三〇〇年，所有肥沃的土地已然開墾，發展緩慢，經濟成長陷入停滯，加上氣溫下降，降雨過量導致北歐地區收成不佳，引發一三一五年的大饑荒。但是這一切都無法與一三四八年所發生的事件相提並論。

一三三〇年代，中亞出現了一種桿菌（細菌的一種）：鼠疫耶爾森氏桿菌（Yersinia pestis）。這種一般是寄生在跳蚤和老鼠身上的桿菌，在其他哺乳動物——包括人類——身上傳播開來。它一旦寄生在哺乳動物身上，便會高速繁殖，讓宿主的免疫系統在幾天內超載，引起淋巴腫大，形成巨大的淋巴腺腫並流膿。這種桿菌，在一三四六年跟著絲路的商隊抵達了黑海沿岸。由於前幾個世紀的經濟成長，義大利的城市在此時已建立了好幾個與蒙古人和土耳其人交易的貿易據點。從一三四七年起，義大利的船隻貨艙裡除了常態運送的船貨之外，還運載了數百萬隻微小的鼠疫耶爾森氏桿菌，歷史的進程自此改變[49]。

後果讓人猝不及防。從一三四七年底開始，君士坦丁堡、熱那亞和巴勒摩（Palerme）幾個港口紛紛被波及。這隻桿菌四處傳播。馬賽（Marseille）在一三四八年二月爆發感染，十月輪到土魯斯（Toulouse）、日內瓦、康城（Caen）和隆河谷地。不到幾年的時間裡，整個歐洲都淪陷了[50]。然而，這類傳染病不曾停止，在接下來幾個世紀裡，每隔十或二十年它便會捲土重來。每一次，十個人裡就有一個，甚或是五個人裡就一人會被帶走[51]。人們在很久之後才重新回到瘟疫之前的生活——英國是十八世紀後，而埃及則要等到十九世紀[52]。

這一切當然令人悲痛不已，然而它與我們的飲食有何關聯？黑死病，在把整個社會鬧得天翻地覆之後，奠定了我們現代品味的基礎。

一方面，前幾個世紀發展而成對世界的見解，如今支離破碎[53]。十三世紀的哲學家，比如聖托馬．阿奎那（Saint Thomas d'Aquin），認為世界一如完美的秩序，由教會——當然，托馬是個不折不扣的修士——為了所有人的利益領導著。面對身邊堆積如山的屍體，十四世紀的居民理應對神聖秩序的完美有所質疑才是。尤其，教會正陷入兩難，修道院在瘟疫流行時逐漸空了，他們必須做出選擇：關閉某些修道院並隨之失去這些土地，或是接受第一批到來的活人，把空缺填滿[54]。決定下得很快，而修士素質的下降，自然不可能不影響到組織的形象（我們會在第十章的新教改革中討論這一點）。

再加上，瘟疫殺死了人類，然而前三個世紀以來發展的基礎建設多數都完好無缺。地主（沒有死於瘟疫的那些）需要人手收割莊稼、也需要傭人來打理他們的家。但是，瘟疫造成大量死亡，可以工作的人力極缺，而窮人深知這一點，於是他們毫不客氣地讓雇主知道，是時候以比較像樣的方式對待他們了。富人被那些不假思索、要求比平常高出兩倍或三倍酬勞的窮人給嚇壞了，但是他們別無選擇，種子該撒下去了，莊稼該收割了，得付多少他們就付了。在一三四八年瘟疫過後的前幾個十年，歐洲各地的實際工資幾乎都翻了一倍[55]。生活水準的提升，無論在強度或速度上，幾乎與二十世紀二戰後的輝煌三十年（Trente Glorieuses）相當[56]。而宗教和經濟這兩方面的動盪，立即反映在餐盤裡。

在新興購買力的加持下，農工順應富人的飲食習慣，開始吃起新鮮的肉類、白麵包，也喝啤酒。黑麥和大麥逐漸淪為給動物的飼料，人們開始種植更多拿來做白麵包的軟質小麥[57]。這些趨勢並非伴隨瘟疫而生，但災難是其中的催化劑。

有錢人可沒閒著。瘟疫消滅所有人，不分社會階級、不分城市鄉村。繼承的規則創造快速的財富，掌握在那些始終害怕會有另一場新瘟疫到來的人手上。享受生命的渴望，加上希望與窮人有所區隔的社會需求，驅使修士和貴族探索迄今被他們忽略的食物，像是雉雞、鴿子、天鵝、蒼鷺、羔羊或乳豬[58]。

對烹飪的講究，自羅馬帝國崩解以後便消失在西歐，如今歸功於大瘟疫所啟動的種種社會變革，而在疫情遠去後，回歸了。若沒有瘟疫，那麼十六和十七世紀的經典美食，亦即現代歐式料理的基礎，想必不會出現。

十到十七世紀

八 文藝復興

——高額投資與乾麵條

要了解麵條的歷史，以及義大利人為什麼是其中的佼佼者，必須從原料說起，也就是小麥。小麥有好幾種，特別是軟質小麥和硬質小麥。軟質小麥，研磨容易（這就是它的名字來源），製成的麵粉相當適合做麵包麵團。相反地，硬質小麥不易研磨，但小麥蛋白（gluten）的含量較高，這種長鏈分子遇水會延展，使得硬質小麥麵粉與液體混合後，經過揉捏會變成具有筋性的麵團。

我們可以用軟質小麥或硬質小麥來製作麵團。說得誇張一點，想做新鮮麵條，只要把本來準備放進烤箱的麵包麵團放到水裡煮熟就是了。幾乎所有會吃麵包的文化都有新鮮麵食，不管是中式餃子（在西藏發展成饃饃，日本則是煎餃），喬治亞卡里餃（*khinkali*）或是義大利餃（*ravioli*）。反之，想做乾麵條，便是另一個故事了。它一定要使用硬質小麥，而中世紀時只有地中海地區有產出。義大利人正是因為乾麵條而大放異彩，雖然他們很晚才投入這個行列。

帝國時期的羅馬人不吃新鮮麵條。這並不是因為他們沒有研究出什麼食譜，而是因為這種食物不符合他們的社會組織結構。羅馬社會由極為嚴密劃分的層級所組成，富人吃麵包，富人與奴隸以外的人吃粥糊，而奴隸吃剩下的。在潮濕環境下將麵粉和水的混合物煮熟，換言之，在製作新鮮麵條的過程中，他們會獲得某種介於麵包與粥糊之間的黏糊產物。對羅馬人來說，他們根本無法判斷這到底是給富人或窮人吃的食物[59]。受到這種社會分層結構的箝制，使歐洲人必須等到羅馬體制徹底崩解後，才得以投入麵條的懷抱，並從此展現出對它一發不可收拾的熱情。

麵條在歐洲的形象是被阿拉伯人改變的。在哈里發統治的最初幾個世紀，約莫一千年的時候，阿拉伯人在他們掌控的領土上大量引進硬質小麥種植（除此之外還有其他作物，見第六章），並做出最早的乾麵條[60]。使用軟質小麥的話，只能做出新鮮麵條。若是把軟質小麥製出的麵條拿去曬，它們會在曝曬過程中斷掉，至於那些撐過曝曬並確實乾燥了的麵條，在煮的時候也會解體。硬質小麥則由於小麥蛋白含量高，製成麵條後可以曬乾，日後烹煮食用。這種特性讓局勢產生了變化。彼時，穀物的保存狀況都不太好，因為麵粉會受潮、招來蟲子、發霉等等。而乾麵條呢，存放在乾燥、不受陽光直射的地方，可以維持好幾個月或幾年而無損其品質。

阿拉伯人無疑是為了軍事考量而選擇硬質小麥和麵條。有了麵條，只要把水煮開，加上一些醬料，就是一份可吃的食物，但是麵包的話每天都得揉麵。有了麵條，軍隊的後勤補給效率也隨之提升。要是我們跟阿拉伯人一樣，在不到一個世紀的時間征服了從葡萄牙到印度這樣的版圖，那麵條真的很方便。然而，穆斯林士兵並沒有每天都吃青醬斜管麵（penne），他們原始的麵，比較像是芫荽籽大小的球狀物。這些麵食，隨後在第二個千年最初幾個世紀演變出兩個分支，一是用來做庫斯庫斯

（couscous）的粗麥粉（semoule）①，一是發展為細麵條（vermicelle）與直麵（spaghetti）[61]。

在北非、西班牙和西西里島，阿拉伯人發展出硬質小麥的種植，並用來做成乾麵條。從詞源學的角度，依照不同語種描述麵條的字眼，可看出它是透過兩條截然不同的路徑進入歐洲的。一條沿著義大利半島而上，這裡的人稱之為*tria*，乃來自阿拉伯文的*itriya*。一條順著頓河（Don）、窩瓦河（Volga）過來，也就是目前的烏克蘭和俄羅斯。在斯拉夫語和意第緒語裡，麵條被稱為*lapšá*（俄語）或*lokshen*（意第緒語），是波斯語*rishta*經由阿拉伯語轉變而來的衍生詞。十六世紀時，

① 譯注：用來做庫斯庫斯的粗麥粉（semoule）亦譯為北非小米、古斯米，因為它狀似米粒。然而實際上它是一種用粗麵粉加水搓揉成粒狀的食品，而不是穀物，後面的章節會再談到。

一位波蘭的拉比提及*vermicelle*（萊茵峽谷地區用來指稱*tria*的字眼）和*lokshen*指的是同一種東西，顯示這兩條路徑終於銜接疊合[62]。

麵條在中世紀征服了歐洲，但是義大利人在這件事情上並沒有特別的主導權。有硬質小麥種植之處就有人做麵條，像是西西里島和薩丁尼亞島，好吧，還有西班牙和普羅旺斯。人們甚至也嘗試在巴黎製麵，但是瓦盧瓦王朝首都陰沉的天氣無法提供充分日曬，因此巴黎貴族偏好從熱那亞或拿坡里進口他們要吃的麵條。乾麵條充滿異國情調且脆弱，這種產品比較是上流社會的食物，用以搭配肉湯或是某些油炸的肉類。

麵條過渡為平民食物的歷程，發生在十七世紀的拿坡里。當時人口增長速度超越農業產量，糧食來源變得稀少，肉類、蔬菜與當地傳統食物價格飆漲。貧窮的拿坡里人因而從吃捲心菜與肉類變成吃麵的人[63]。

但是這不足以解釋一切。文藝復興時期，麵條製作從原本屬於女人的手工活動，變成早期工業活動。為了揉捏、壓平麵團，人們從十六世紀開始使用類似軋機的工具。為了做出麵條的形狀，他們先把麵團放入擠型機，一個垂直的模具裡，接著擠壓麵團做出直麵。那些機器實在巨大無比：高約兩公尺，寬度也差不多兩公尺，整座都用木頭和金屬製成。科技在製麵過程中的出現，給了男人一個藉口來搶走這份女人創造出來的工作[64]。透過提高生產力，這些機器讓手工業者有更多產出，而且，如同拿坡里的情況，麵條成為整個城市的主食。

這種移轉之所以發生在義大利而非其他地方，很大一部分原因是製麵的投資相當昂貴。為了購買軋機和擠型模具，手工業者必須向銀行求助。而現代銀行正是文藝復興期間在義大利的城市興起的。也許哪一天，歷史學家會指稱銀行的發明是為了提供手工製麵業者投資資金（儘管我對此表示懷疑），但是麵條何以成為義大利的特色，而不是西班牙或普羅旺斯，絕對與義大利半島在那個其他地方都不可能為手工產業提供如此鉅額資金的時代，出現了銀行家有關。

上菜！

有些事要先釐清：我們不會在煮麵條的水裡放油。煮麵的時候有沒有油花在水上漂，對麵條根本毫無影響。只有在麵煮好、瀝乾水之後，才會加入橄欖油或奶油。

當您要做一道有配料的義大利麵時，一定要保留一些煮麵水來勾芡醬汁。義大利人稱這個動作是*legata*（從*legare*勾芡這個動詞來的），因為麵條水煮時所釋放出來的澱粉，可以讓醬汁與油、番茄和麵條完美結合。這跟您在醬汁裡加入玉米粉的效果幾乎是一模一樣的，只是加入煮麵水更好。

想用幾秒鐘的時間讓您每天吃的義大利麵更美味的話，就保留一些煮麵水，把它倒入平底鍋（大概一指高），接著加上些許奶油：比例大概是四百克的麵條對上五十克奶油。開火煮滾後，加入麵條。接著，要像下雨一樣，且要避免結塊，撒上刨好的佩科里諾或帕瑪森乳酪與胡椒。好啦，現在您已經完成一道黑胡椒乳酪義大利麵（cacio e peppe）！正統的黑胡椒乳酪義大利麵是灰黑的，因為上面的胡椒有夠多，但是您可以從較清淡的口味開始。若是在食譜裡加點風乾豬臉頰肉（guanciale），那麼就會變身為更美味的風乾豬臉頰乳酪義大利麵（Pasta alla gricia）。

九

十六到十七世紀

地理大發現

——有錢人棄香料如敝屣

在歐洲，從古代末期以來，吃辛辣食物是一種富有的象徵。貴族的廚師會盡可能地使用胡椒、薑、南薑（一種薑科的塊根）和丁香花蕾，這些都是阿拉伯人從印度或西非進口而來。國王每天食用這些香料，次級貴族要吃得趁著婚禮盛宴，而窮人只要有一點胡椒就滿足了（農民呢，他們吃洋蔥）[65]。

西元一千年以後，經濟的活躍讓可用的香料種類增加。在十三至十四世紀之間，出現了肉豆蔻、華澄茄（爪哇胡椒）與幾內亞胡椒（天堂的種子）。經過黑死病的肆虐，人力的缺乏迫使歐洲人發展他們的想像力來提高生產[66]。他們打造出更大又不需要那麼多水手的船，且意外地可以航行得更遠。世界上其他族群因此發現歐洲人，而後者在兩次大屠殺之間，趁機把他們見識到的植物與動物運至歐洲。

西班牙人資助克里斯多福・哥倫布的航海探險之旅，並把新世界最大的一塊留給自己，將一些動植物標本帶回歐洲，但是率先接受這些新物產的人並不是他們，畢竟他們從印加人和阿茲克特人手上搶黃金都忙不過來了。帶來革新的，是葡萄牙人和鄂圖曼土耳其人。這並不是因為他們的屠殺行為較少，而是他們有很好的理由來採納這些新食材。一四九〇到一五三〇年間，葡萄牙人在非洲、印度沿岸建立起貿易據點，其公開目的就是搶奪迄今為止由威尼斯商人所把持的香料貿易。從美洲，葡萄牙人帶回了櫛瓜、玉米和辣椒，接著在他們的帝國廣泛種植。距離哥倫布第一次航行不到二十年的時間，他們就在印度的古吉拉特邦（Gujarat）發現了辣椒[67]。辣椒的經濟利益是顯而易見的。使用胡椒調味時，要先把它曬乾再研磨，而辣椒只需要採收、切片就能產生跟胡椒類似的效果，只是比較嗆。

阿拉伯商人在印度看到這些新奇的物產，便將之整裝讓駱駝商旅載往西邊。在這裡，一個正蓬勃發展的帝國——鄂圖曼，抓住了先機。玉米讓他們得以用較少的花費養牛以及戰馬，這讓當時他們的軍隊直逼維也納。一五二九年，這場奧地利首都之圍失敗，但是鄂圖曼帝國仍掌握當今歐洲很大一部分的領土，並在上面種植幾年前由葡萄牙人從印度帶回來的作物。從辣椒開始，他們推廣了甜椒，這種食材如今在匈牙利燉牛肉與整個西南歐的料理中都看得到。我們可以從這些食物名稱讀出、聽出些端倪，意識到這些物產的傳播乃是透過鄂圖曼土耳其人和葡萄牙人而來：火雞在英語裡是*turkey*，塞爾維亞—克羅埃西亞語是*tchourka*（turque，土耳其的），荷蘭語是*kalkoen*（來自加爾各答Calcutta），而玉米在義大利文是*granoturco*[68]。

西班牙人這邊呢，他們不急。他們等到葡萄牙、鄂圖曼帝國試驗了一世紀之後，才正式投入玉米的種植[69]。

由葡萄牙人、阿拉伯人、土耳其人，以及不曾放手的威尼斯人所帶領的國際貿易正風生水起——那是「地理大發現」的時代。香料遍布歐洲市場，隨著它們價格的下降，社會階級底層的人也買得起，有錢人則加重了用量。十四到十六世紀之間，香料的重要性大增，而貴族在這部分的消耗比今日還要多非常、非常多。當時流行的是亞麻薺醬①，一種以肉桂、薑和「大量的丁香」，佐以少許天堂的種子、長胡椒和乳香（一種有香氣的樹脂），接著用浸了酒醋的麵包混合來增加稠度的佐醬。人們吃什麼都加，不管盤子裡是雉雞、小牛、豬或魚[70]。

歸功於印刷術——那個時代的新發明，我們可以觀察上流社會品味的演變。中世紀末的料理書格外著墨於香料，這些書直到一六二〇年在法國仍持續再版[71]。然後，不出幾年的光景，用上香料的食譜幾乎完全消失了。拉瓦倫（La Varenne），當時一名顯赫貴族的廚師，在一六五一年出版了一本食譜書，標記出一種斷裂，並奠定了現代法式料理的基

① 譯注：亞麻薺的籽可榨油，但是中世紀這種濃稠的亞麻薺醬（sauce à la cameline）裡並沒有亞麻薺，而是取其顏色，因為這種佐醬顏色接近駝色。

礎。香料玩完了，既然誰都買得起，它們便不再有魅力。對上流社會而言，炫富的新手法轉向食材的新鮮度與精緻度。在那個多數肉類、魚類都是曬乾或醃製後才吃的時代，沒有什麼比在餐桌上端出新鮮食材更具誇耀意味了。為了讓賓客品嚐肉的原味、衡量東道主的財力，那些刺激味覺、充滿香料的醬汁被遺忘，讓位給菜餚的精巧細緻。

到了十八世紀初，對香料的嫌惡已是普遍現象。一位國務大臣的廚師在一本食譜書裡以學究姿態解釋道，香料「必須用那隻以智慧引導的輕盈巧手來調配」，過分濫用香料的人不過是個「平庸的工人」[72]。

上菜！

對您的香料來說最重要的事，就是保存。試想它們如巧克力一樣在空氣中泛白的光景。如果您任由香料暴露在空氣裡，它們就會變質，不能吃了。

理想的情況是把香料裝在不透光的容器裡，密封然後放進冰箱。使用時，請遵照十八世紀的建議，若您想嚐到食材的原味就要避免過量。為了讓香料替您那鍋燉牛肉或是飽含醬汁的佳餚增添點香氣，使用前可以先放到平底鍋炒個幾分鐘。如此一來所引發的梅納反應，會創造出新的、比原本香料更細緻的氣味化合物。

至於中世紀亞麻薺醬之類的佐醬，和異國甜點非常搭，比如糖煮鳳梨（將鳳梨削皮後，放入浸有香料的糖水裡燉煮個一小時）。

十 宗教改革

——叛亂者的奶油

十六到十八世紀

從早期那批基督徒開始，天主教會即謹慎地將日曆劃分為可以吃動物脂肪的解齋日（jour gras），以及禁止食用肉類、奶油和奶的齋戒日（jour maigre）。十六世紀時，每個星期三、星期五和星期六都是齋戒日，其中還有為期四十天的大齋期，從聖灰星期三（而這天之前的星期二，成為「懺悔星期二」①，是復活節前最後一個解齋日）一直持續到復活節前一天的聖星期五為止，共計約有一八〇天的齋戒日和一八〇天的解齋日。人們可不會拿守齋禁食來開玩笑！誰要是想在齋戒日吃肉，必須拿著書面的醫囑，由本堂神父②共同簽署，才能在幾家獲准在齋戒日營業的肉舖買到一塊牛排[73]。

在有魚和橄欖油可食用的時候，要人們克制不吃肉類與奶油是可行的。如果兩者都沒有——好比十五世紀的歐洲，只要住得離沿岸、地中海很遠即會面臨這種窘境——那就比較難了。當時天主教會自然有解套的辦法：誰若是想在齋戒日吃奶油，可以到神父那裡購買補贖券

（indulgence）③。布爾日（Bourges）和盧昂（Rouen）大教堂那些「奶油鐘塔」的資金便是從這些捐獻而來[74]。

一五一七年，一位住在距離海邊和橄欖樹栽種區很遠的德國修士很不識相，揭露了補贖券的偽善。他叫做馬丁．路德（Martin Luther）。當然他不是第一個受不了教會貪腐的人，但是他很聰明地運用當時的新技術——印刷術——來傳布他的訊息。為了引起其追隨者的注意，打亂敵人的陣腳，他大力挑釁毫不猶豫。一五二〇年，他寫道，在羅馬「他們藐視（大齋期的）禁食，隨便給我們吃著一種他們連擦鞋時都不會用

① 譯注：懺悔的星期二（mardi gras），直譯是「油膩的星期二」，是人們在大齋期開始之前，最後一次可盡情大吃大喝的日子。

② 編注：某教區教堂或是堂區教堂的最高位神父。

③ 譯注：另一常見的譯法為「贖罪券」。

的（橄欖）油，還向我們販售食用奶油的權利，然而福音的使徒原本就已賦予我們這樣的權利[75]。」對路德而言，天主教的飲食禁令，只是一種讓窮人在供給主教和其他教會神職人員一份收入來源的同時，繼續深陷貧困而無法翻身的一種手段。

另一方面，這些特別帶給窮人負擔的飲食禁令，在新教鼓吹者的論述裡經常是種優勢。一五三五年，在波爾多，他們其中一名傳道者便解釋「上帝不會在意我們吃什麼，肉也好，魚也好。大齋期的時候，富人有錢買鮭魚，而窮人頂多能買點讓他們吃了傷胃的鯡魚或是沙丁魚[76]。」對很多窮人來說，這樣的論據無疑比神學辯論來得實在。

新教徒也不會每天耽溺於奶油香煎肉排的狂歡裡。在日內瓦，由尚．喀爾文（Jean Calvin）帶領的一股新教潮流，反對天主教禁食的偽善，但希望以「持續的節制[77]」取代之。瑞士的新教可是從「臘腸事件」開始的（一五二二年，蘇黎世的新教積極份子在大齋期間，提供臘腸給他們的職員食用[78]），而喀爾文平息了信徒貪食的渴望。多數新教徒所在的國家，在烹飪上都沒什麼好名聲，喀爾文主義的禁慾主義顯然要負點責任，儘管路德本身是個老饕。

法國那些國王大肆屠殺並驅逐新教徒，手段激烈且絕不寬貸，這樣的狀況持續到了十八世紀。然而，新教徒卻在法國食譜中留下足跡。在宗教改革期間，天主教會終於意識到他們失去的那些教徒只不過想擁有合理的飲食，於是廢除了大齋期不能吃奶油的禁令[79]。奶油就從這麼一個小門（它被視為次於豬油的油脂還會持續好長一段時間），溜進法國菜裡，直到成為這整個國家烹飪時的基本材料。

上菜！

二十世紀的法式料理，規矩是先放油，烹煮時再加入奶油。奶油會替我們所烹煮的食物增添風味，但也較容易膩——我們可以只用橄欖油，完全沒有任何影響。奶油的另一個問題，是它在烹煮過程中，只要超過一五〇度就會很快變黑（不像植物油大概是二二〇度）。而在變黑的過程中，奶油會製造出大量的苯，一種實在非常不友善的致癌物質。我們習慣混合奶油和橄欖油來減緩奶油變化的時間，但效果不大：奶油一樣到一五〇度就變黑（儘管已混了油稀釋）。

如果您想犒賞一下自己，就用十八世紀法國料理的正統做法，用豬油或是鴨油來做菜。您可以加熱到一九〇度，味道保證獨一無二。

十一 奴隸制度

十七世紀起

——「糖即是惡」

「糖即是惡」，這話不是我說的，而是加州大學教授羅伯特・路斯蒂格（Robert Lustig）以二十一世紀營養學家身份說的[80]。只是，在還沒破壞我們的健康之前，糖早已引起諸多災難。

地中海沿岸從十世紀開始種植阿拉伯人自印度帶回來的甘蔗，而西班牙人在哥倫布首次航行的幾年後，將它種在新大陸。就跟其他香料一樣，糖的產量大增，不再受到有錢人的青睞，同時也讓酸甜醬和亞麻薺醬（見第九章）被捨棄。不過，跟薑或是長胡椒不同的是，糖會讓人上癮，尤其是以蔗糖晶體的形態被吸收時。純度高，其運作一如毒品。就像尼古丁，糖會在我們的大腦引發快感（kick），若是停止攝取便會發出戒斷反應[81]。舉個例，為了蓋過阿拉比卡豆的苦味，從前我們會加鹽，這種方法後來只殘存在較晚引進糖這種產物的地區，比如北歐的北部[82]。這就是糖會成為咖啡伴侶的原因。一旦嚐到糖的滋味，在咖啡裡加一小匙鹽簡直難以想像。

不出所料，自從安地列斯群島以具有競爭力的價格來供應糖以後，歐洲在糖的消費量即暴增。為了種植甘蔗，殖民者進口奴隸，他們首先向阿拉伯人購買，十七世紀末起則直接由西非買入。三角貿易的第一個產業，便是糖。從非洲被強制押送到美洲的奴隸中，超過一半以上都在甘蔗園工作，而繼葡萄牙、西班牙和英國船東之後，法國人是最狂熱的奴隸制擁護者。（奴隸被強制押送這回事，五十個裡有一個要算在美國與棉花頭上，而七個就有一個是送往法國的種植區[83]。）如今，當初在棉花田賣命的奴隸擁有較多後代的原因非常簡單：甘蔗種植者幾乎害死了他們所有工人。

以甘蔗製糖，首先要將甘蔗用石磨榨出汁，過濾後放入銅製鍋爐裡熬煮，直到糖漿結晶[84]。這樣的粗糖可經過清洗和過濾後，重複上述步驟製成精煉糖。這整個過程需要專門的建置與設備，花費相當昂貴。為了讓投資獲利，剝削者必須盡可能讓他們的工廠運作時間越長越好，幾乎是二十四小時不間斷。而甘蔗一旦砍下，就無法保存，因此在收成期間，那些奴隸不得不夜以繼日在田裡和廠裡工作，以確保雇主獲得合理的投資報酬率。一天工作十八小時是常態。婦女和小孩太柔弱了，剝削者不感興趣，他們只需要強壯的男性，不像在棉花和菸草種植產業，婦女和小孩可為雇主帶來經濟效益。這也解釋了為什麼在美國的奴隸都有後代，但在安地斯山脈的這些，子孫寥寥可數[85]。

屠殺數百萬非洲人不是製糖產業唯一的罪行。打造一個甘蔗園或是製糖廠的必要投資是如此高昂，因此在本質上，這是相當集中的一種產業：「手工式」種植是不可能存在的。甘蔗製糖業諸多剝削的真實樣貌，亦適用於十九世紀初在歐洲興起的甜菜製糖業。從這個時代起，糖，這種早就因為殖民地種植而普及的產物，變得無所不在。然而，是在二十世紀時，歐洲人開始真的因為糖而死亡——且數量以百萬計。

作為寡頭壟斷市場，糖業公司可以輕易彼此協調，左右具有影響力的行動。例如，一九六〇年代，諸多科學研究證明了糖分攝取與心血管疾病之間有所關聯。那些糖業公司——不是一家，也不是兩家——他們追隨早在幾年前菸草公司打通的門路，制定出一套藉由懷疑來傳遞假消息的策略。他們採用香菸研究委員會（Council for Tobacco Research）的模式成立了糖業研究基金會（Sugar Research Fondation）①，目的是以科學研究為幌子，把心血管疾病、糖尿病與肥胖症等疾病的成因歸咎到其他地方。一九六七年，糖業公司賄賂了好幾位哈佛科學家（給他們相當現在五萬歐元的費用），好讓他們發表一項研究來證明糖的清白，並把罪名安在飽和脂肪酸身上[86]。從此以後，糖業公司與他們的客戶，像是可口可樂，大量資助研究者，當然前提是他們的研究結果不能讓糖受到牽連。

① 譯注：現改名為糖業協會（Sugar Association）。

糖業公司儘管背負著這種人盡皆知的債，卻繼續扮演害人的角色，大規模介入法國的學校裡。味覺週（semaine de goût）即是一種糖業公司的產物[87]，每年觸及一百五十萬名學生。每個班級都有一些糖業聯合（Collective du Sucre）[88]設計的學習單，由一個受糖業公司資助的利益團體，教導學生糖是「良好味覺的創造者」以及「均衡飲食中必備的一種能量來源[89]」。這些資訊不是錯的，但卻非常片面。這類活動目的是在孩子的腦袋裡深植與糖的正向連結，讓他們日後較難接受關於糖的危害之類的論點。

與此同時，精緻糖的攝取持續每年造成數千萬個心臟驟然停止。迪迪耶・拉烏爾（Didier Raoult），一位生物學家，認為糖是法國的第二大死因，僅次於菸草[90]。糖，的確是惡。

上菜！

除非是想尋回十五世紀貴族料理中酸甜的味道，否則您可以不要用糖。用果糖含量豐富的濃縮番茄糊，我們就能毫不費力地做出風味絕佳的番茄醬或烤肉醬，不需要食用那些加入一堆精緻糖的工業產品。（要做番茄醬，在濃縮番茄糊裡加點鹽、酒醋以及您喜愛的香料，就是一份自製的美味醬料。）

十二 大饑荒

九世紀到十八世紀

——單一耕作與人吃人

我們不能一心談論著飲食史卻不碰觸它的反面：饑荒。絕大部分生活在歐洲的世代，除了近期這兩、三代，也許再加上十四世紀末最後那一兩代（見第七章）以外，都經歷過飢餓。幾乎是每一年，穀物存糧在春天過一半時即開始接近臨界點。農民在等待收割的期間，會到附近尚未完全被開墾的森林裡採漿果或蕈菇。而根據他們所能採摘到的食物，將決定他們會餓，還是非常餓。

比較嚴重的是作物歉收的年份。在那種情況下，飢餓從收割期即開始，人們會發現他們的收成只夠明年拿來作種，甚至連作種都不夠。然而從糧食欠缺演變成饑荒，向來不能歸咎於天公不做美。降雨過多或過少，天氣太冷或太熱，當然會減少土地的收成，但是眼睜睜看著人們餓死的始作俑者，始終是政治考量[91]。

大部分的時候，饑荒是單一耕作造成的。打從我們這個時代最初幾個世紀開始，那些只為了自給自足而耕種的農民，懂得讓他們土地上的作物多樣化，以避免某種特殊作物歉收的風險[92]；但是那些耕種是為了將農作物銷售到鄰近城鎮市場的地主，思考的邏輯可不同。對他們來說，最好是投資利潤最高的作物品種，儘管要承擔十年裡可能會有一年虧損的風險。在諸多例子裡，一八四〇年代愛爾蘭大饑荒的直接原因便是單一耕作。當時，地主將土地分割成極小的面積租給佃農，而他們別無選擇，只能種馬鈴薯來支付租金，卻從一八四五年起，因為收成遭到一種黴菌的破壞，引發規模龐大的饑荒。從人口統計來看，這個國家至今尚未恢復過來：一八四〇年這座島上的居民，比現在多一百萬人。

佃農與地主著眼的利益不同，這不是什麼新鮮事。從十三世紀起，我們即在某些大莊園發現單一耕作的徵兆。在伯里·聖·埃德蒙茲修道院（Bury St Edmunds Abbey），一個英國的本篤修道院，那些修士會查閱他們每一種作物前一年在市場上的收益，再決定要種什麼，來獲得最大的利潤[93]。若是遇到作物歉收，比如一三一五那一年，他們也不會因基督教要秉持慈善而煩惱。為了維持自身的利益，他們把工人趕出去（要是這些人留在莊園裡，他們就得提供膳食），並趁著行情看漲時，把從這些員工身上省下來的配給份額給賣出去[94]。

一旦饑荒開始而肚子空空如也，農民便沒有太多選擇。奴隸制度還存在的時候，他們會先賣掉孩子，然後把自己賣掉，來換取一塊硬麵包[95]。在封建時代，飢餓的農民變成遊民，接著，他們要是存活下來則會變成強盜，最後被吊死[96]。在落到這般境地之前，人們會用手邊能找到的東西，野草或樹皮來做麵粉，當然他們也心知肚明，用這樣的材料做出來的麵包，根本沒什麼營養[97]。

如果肚子實在太餓了，那就進入下一個階段，人吃人。大饑荒的時候，吃人肉是具邏輯性的。一些編年史作者提到西元八五七年在桑斯（Sens）發生過，一〇〇五年或一〇三一年饑荒的時候，還有一三一五年……而這都是我在寫這本書其他章節時查資料得知的例子[98]。在二十世紀，人類並沒有改變，在情勢逼迫下仍會以同類為食。一九四一到一九四四年間的列寧格勒圍城戰，以及在納粹集中營裡，人吃人的例子不勝枚舉[99]。在列寧格勒，警察甚至制定出「食用人肉」與「為了食用人肉而殺人」兩種罪行，用以表示那些為了吃人而將之殺害的案件[100]。但不是所有例子都那麼殘忍，有些可能充滿著母愛。比如，有一位播報員報導一九三三年烏克蘭饑荒期間一位母親的親身經歷，她向自己的孩子說明她死後要如何吃她[101]。

這些故事讓我們的胃一陣翻騰，因為人吃人已經變成一種禁忌，禁忌到我們把它視為一種不人道的行為：幾乎在整個二十世紀下半葉的時間裡，研究者都否認人類有可能食用人肉，並聲稱所有相關見證都是道聽塗說[102]。然而，在很多習慣食用剛過世之死者屍體的社會裡，人吃人是再尋常不過的一種習俗[103]。

甚至在中國歷代或歐洲的社會，有很長一段時間裡，食用人肉都被視為具有醫療效果。就像很多地方一樣，人們認為夭折之人的血、肉或器官還保有死者的生命能量。因此，饑荒時人吃人的行為，其實並沒有遭到這般異樣眼光的看待[104]。羅馬人吸飲角鬥士的血；文藝復興時期的國王以腦漿蒸餾液為基底調製長生不老靈藥；而教宗呢，他們生病的時候，會喝幼童的血[105]。

十八世紀末，歐洲的食人行為消失了。原因何在？關於這個主題，科學家說不出個所以然，但我們可以大膽提出假設。十八世紀時，殖民主義正蓬勃發展。印加人和阿茲特克人已被殲滅，但是歐洲人對留存在美洲、非洲和亞洲的住民還有別的打算。他們竭力用來替這些屠殺行徑辯護的論據，即是野蠻人並不全然是人類。他們不是基督徒，他們赤身裸體四處遊蕩，而且他們還會吃自己的近親同類！

我不認為歐洲人會因為這些被他們奴役的群體是食人族就鄙視他們，我更傾向他們是為了合理化自己的屠殺行為，所以把人吃人塑造成這等禁忌。問題來了，不只因為我們也許會在禁食香烤人肉的同時，錯過些什麼；更重要的是，要是忽略人吃人的事實，我們便無法嚴謹確實地進行有關饑荒的歷史研究。

十八世紀

十三 現代

——馬鈴薯改變了世界的臉

與玉米或是第九章提到的辣椒不同，馬鈴薯沒有出現在加勒比海地區，而是生長在南美洲面對太平洋這一邊的安地斯山脈。馬鈴薯不在十六世紀初葡萄牙人繞著地球各處混雜輸出的蔬菜作物、動物之列，它抵達歐洲的時間較晚，約在一五七〇年代的西班牙[106]，但是歐洲人對它不屑一顧。

當時，歐洲大陸的糧食情勢相當不樂觀。所有在一三四八年大瘟疫過後的收成都付諸流水，窮苦的農民只勉強留有一丁點食物充飢。直到十八世紀，人類身高十年復十年的遞減，這便是飲食條件惡化的鐵證[107]。在這樣的背景下，大概要失心瘋才會冒險去種植新作物。冒險這種嗜好，只有在知道一次失敗不會把我們推向饑荒的情況下才無傷大雅。

於是在超過一世紀的時間裡，這些塊莖僅止於人們的好奇心。植物學家之間會拿來交流，或有時它們也會以壯陽佳餚之姿，出現在國王和貴族的餐桌上[108]（儘管很難得知史料講的是馬鈴薯還是甘藷），不過，通常我們都將它冠上醜陋邪惡之名。那個年代正風行「形象學說」（théorie des signatures）①，一種認為食物的特性乃根據其外觀形狀而來的論點。核桃長得像大腦，所以益於智力發展；活得久的植物可延年益壽，而轉瞬凋零者會讓人短命；茂密的蕨類則有助於對抗禿頭……至於馬鈴薯？顏色暗沉要白不白又發育不良，好比痲瘋病人的皮膚，想必會引來痲瘋病[109]！在這些謬誤假設的影響之下，某些政權，比如十七世紀的勃根地公國，乾脆禁止種植馬鈴薯[110]。形象學說還不是反馬鈴薯之論點中最荒謬可笑的，十八世紀時，某些神父甚至禁止他們的教徒種植馬鈴薯，因為聖經裡面找不到這種作物[111]。

在這麼多偏見的阻撓下，馬鈴薯是如何一路走進所有歐洲的廚房

---

① 譯注：與亞洲地區「以形補形」的概念類似。

裡？想獲得解答，必須了解一點軍事史。除了少數的例外，軍隊打仗時都是從平民住家中找東西來果腹。士兵最喜歡的是穀物，因為穀物要不就在田裡等待收割，要不就在穀倉、閣樓或地窖，貯放在乾燥處。對一個飢餓的士兵來說，容易找到也方便攜帶。遇到不受當地居民歡迎或戰爭節節敗退時，軍隊也可能把田裡的莊稼燒掉，因為敵軍缺的正是補給。現在，試想如何燒掉一片馬鈴薯田，或是帶走它們：馬鈴薯葉含水量高，燒不起來；加上馬鈴薯長在地底下，故能免於受到軍隊的搜括。士兵可以挖幾顆帶走，但帶不走全部的收成。而冬天裡，我們可以任由馬鈴薯在地底結凍而毫無損傷，等軍隊撤離了再說。以上種種，農民很快就發現了。

馬鈴薯從西班牙傳入義大利，很可能是在十六世紀末西班牙人佔領半島上的米蘭、帕瑪的時候。當時，義大利甫結束一個世紀以來種種戰亂的摧殘，而法國的宗教戰爭剛開打。義大利農民對於軍隊會帶來什麼風險清楚得很，他們很快投入馬鈴薯的種植。於是一六一八，三十年戰爭爆發之際，這種塊莖作物便從北義大利，一路跟著西班牙軍隊前進荷蘭，跨越阿爾卑斯山。從那時起，馬鈴薯種植面積便伴隨著歐洲每一次軍隊的出征而增加[112]。然而，馬鈴薯大規模的推廣，卻是一個世紀之後的事。一七四四年，普魯士國王腓特烈大帝，一位三十出頭的開明專制君主（despote éclairé），命令他的子民種植馬鈴薯。這決策下得好，因為十五年後，他在七年戰爭期間幾乎輸得一敗塗地。普魯士遭到俄羅斯、奧地利、法國與瑞典軍隊的侵略與佔領，然而普魯士的農民並沒有像上一回三十年戰爭那樣紛紛餓死。諸多外國領袖得知了普魯士抗爭到底的祕密，等這場殺戮遊戲一結束，便把馬鈴薯引進自己的國家。

在法國軍隊裡，有一位二十三歲的年輕藥劑師，安托萬・帕蒙提耶（Antoine Parmentier），他因為七年戰爭期間曾五次被普魯士軍隊逮捕而揚名[113]。每一次，敵軍給他端來的簡易伙食品質都讓他驚訝不已。那食物不但讓他身強體健，味道還一點也不差。他當時嚐到的，正是德國馬鈴薯沙拉（kartoffelsalat）的前身。戰爭結束後，帕蒙提耶回到法國，竭力說服當時的國王路易十六及其子民種植馬鈴薯，而後就如大家所知道的，他成功了。

馬鈴薯的優勢不只在於它們頂得住軍隊過境，在那些只種植黑麥的國家，比如德國北部、波蘭和俄羅斯，馬鈴薯也可以長得很好。這樣剛好，因為黑麥經常會遭到一種名為黑麥角菌的真菌感染而引起病害，不慎食用有時還會致死：麥角中毒，從前又稱之為聖火②。當我們知道從黑麥角菌所產生化合物裡含有麥角二乙胺（LSD）時，大抵能猜到「聖火」之名的由來，而且明白何以他們偏愛馬鈴薯。

尤其，馬鈴薯的產量比小麥和其他穀物高出三到四倍。只要撥個半英畝的地來種馬鈴薯（兩千平方公尺，相當於一個極為巨大的花園），五口之家也能溫飽無虞。這還沒完。馬鈴薯含有一個人需要的所有維他命，除了維他命A、D，而後兩者可以從牛奶攝取[114]，所以只要一小塊馬鈴薯田和一頭乳牛，就能終結饑荒和壞血病。歸功於馬鈴薯，這應該是第一次，歐洲農民開始過上好日子。

十九世紀初的拿破崙戰爭終於說服了最後那批冥頑不靈、不願意種馬鈴薯的歐洲人。一旦馬鈴薯開始處處可見，孩子便不再小小年紀就夭折，男人和女人也不再經常因為饑荒而死……人口就這麼爆炸式成長。近期有些歷史學者指出，那個時代人口增長很大的一部分原因，即來自馬鈴薯與牛奶[115]。有了如此龐大且健康的人口，歐洲人總算能結束對北美洲原住民的屠殺，並加速對亞洲與非洲的殖民……。

② 譯注：麥角中毒會引發幻覺、抽搐，四肢壞疽致死。中世紀時以「熱病」稱之，而手指腳趾因乾性壞疽而乾枯變黑彷彿火燒過一般，在中世紀盛期被認為是有股神秘的內在之火所致。

馬鈴薯被引進歐洲後，確實改變了世界的臉。順便感謝帕蒙提耶，幸好他不是個優秀的士兵，不然法國農民還得多忍受數十年的饑荒。

上菜！

除了生吃，馬鈴薯怎麼樣都好吃。大家常犯的錯誤，就是用食物調理機製作馬鈴薯泥。馬鈴薯含有大量的澱粉，在機器攪拌的過程，澱粉分子會變性、拉長（就像我們揉麵團時，小麥蛋白會轉化成麵筋一樣），產生筋性的馬鈴薯，會導致馬鈴薯泥變成黏黏的馬鈴薯糊。

馬鈴薯的另一個問題，是它含水量很高。若要讓它更美味，可在它底下鋪一小堆鹽，放入一八〇度的烤箱，約莫烤個一小時，鹽會吸飽水份（可將它保留起來，燙煮食物的水需要加鹽時可用），而您的馬鈴薯會熟透，可當配菜吃或是對切成兩半，填料做成焗烤馬鈴薯。

十四 工業化

十九世紀

——卡蒙貝爾乳酪的身世

十九世紀，資本主義、蒸汽機與鐵路遍布整個法國領土且改變了社會所有面向——包括乳酪。當時，乳酪還是種地方性的產物，只有硬質乳酪才會運輸到他處。負責牛奶的農婦（男人只處理牛肉而不碰奶，因為他們認為這樣較具男子氣概）會在距離自家農場最近的市集賣乳酪，而這種當地乳酪通常便以市集所在地命名。

卡蒙貝爾乳酪屬於特例。卡蒙貝爾不像利瓦羅（Livarot）或是彭勒維克（Pont L'Évêque）是個城鎮，也不像艾珀斯或沙烏斯（Chaource）是修道院，它是個小村莊，直到十八世紀末，都製作著一種外皮呈紅或藍色，且只要超過方圓幾公里以外，就完全無人知曉的乳酪。事情之所以產生變化，起於一位在地的乳酪小農，瑪麗．阿雷爾（Marie Harel）做出的根本性決定：她不只在自己的村莊賣乳酪，也到鄰近城鎮的市集上賣。阿雷爾的生意蒸蒸日上，也把技術教給子女和女婿，讓他們傳承家業（很顯然，阿雷爾並不像傳說所言發明了卡蒙貝爾，而是重振當地這項傳統，但這樣已經不錯了[116]）。

將近一八五〇年代末，阿雷爾的孫子管理著好幾座乳酪工坊。跟其他歐日地區（Pays d'Auge）的農人不同，他們認真把乳酪當成一門事業來做。當地農人認為生產乳酪是僅限女性的勞動，因而繼續飼養肉牛，儘管後者賺不了多少錢。要等到十九世紀末，以及「企業主管」這種職稱的出現，男性才對乳酪業產生興趣，並把女性從迄今為止的主導位置趕了下來。

有阿雷爾家族走在前面，諾曼第乳酪業者也受到諾曼第協會的鼓舞而投入卡蒙貝爾的生產。此協會由一群知名進步派人士組成，在十九世紀中期主導一項關於當地產品利潤率的研究，其中顯示卡蒙貝爾是大贏家。

得力於一八五〇年代末鐵路通車到諾曼第，乳酪可在一天之內運達巴黎中央市場（Les Halles），各類生產者主要的銷售地點。剩下的工作，就交由市場經濟帶動的多樣化創新來完成。一八九〇年，人們創造出知名的圓形木盒來保護運送時的卡蒙貝爾乳酪，大幅取代當時的乳酪運送時只用簡易箱子，將裸裝的乳酪層層疊放，中間以麥稈保護的情況。一九〇一年，乳酪業者開始使用巴斯德研究所（Institut Pasteur）提供的一種黴菌，讓乳酪外表形成一層均勻白色外皮，比原本青一塊紅一塊的外觀來得令人垂涎。

不過，這些創新發明都無法解釋何以卡蒙貝爾如此老神在在地佔據法國乳酪的寶座。巴斯德博士的研究是從布利地區（Brie）開始，當地的乳酪在巴黎早已廣為人知，且他們鐵路通車比諾曼第早了十年[117]。那麼，為什麼是卡蒙貝爾勝出而不是布利，或它的近親庫洛米耶（coulommiers）？很簡單，這歸功於諾曼第的組織動員與布利人的無動於衷。阿雷爾家族的積極讓卡蒙貝爾在巴黎曝光，銷量直衝而上，銷路好到讓其他地區的乳酪業者也開始販售卡蒙貝爾。為了對抗孚日地區的卡蒙貝爾，諾曼第在一九〇九年成立乳酪生產者公會。乳酪業者組織起來，彼此協商包括固定價格、限制競爭與縮減員工的權利，不過，就跟現在一樣，當時的公權力並不太關注這個部分。在這段時間裡，布利乳酪的生產者享譽國際（布利乳酪在一八一五年維也納會議的「歐洲最佳點心」①），卻棄乳酪不顧，比起酪農業，他們更關注穀物和甜菜根的生產[118]。

卡蒙貝爾公會將卡蒙貝爾推進國家萬神殿的絕妙一擊，發生在第一次世界大戰。公會多年來一直努力想將產品直接銷售給軍隊後勤處，但軍隊原本偏好的是格律耶爾（Gruyère）或康塔爾（Cantal）。一九一八年初，公會成功達陣，卡蒙貝爾前進到壕溝陣地。當這些參與一戰的法

① 作者注：那是一種加入奶油（crème）製成的布利，如今已不再生產。其質感類似三倍乳脂乳酪（fromage triple crème），比如布里亞薩瓦蘭乳酪（Brillat-Savarin）。

國士兵回家後，回憶起戰爭時吃的乳酪，便讓原本只拓展到巴黎與法國北部的卡蒙貝爾，搖身一變晉升為國家級乳酪。（而好一部分的士兵，他們在大戰初期吃了格律耶爾和康塔爾，卻沒能平安回家……）

然而，儘管公會用盡一切努力，也無法保護「卡蒙貝爾」這個稱號。一九二〇年代，他們終於有機會申請產區法定保護，卻為時已晚。卡蒙貝爾實在太有名了，公會在法庭上替諾曼第乳酪業者辯護②，但法院拒絕保護這個稱號，因為卡蒙貝爾已經成為國家級乳酪。若說諾曼第乳酪業者在一次大戰的成功，反而在和平到來後讓他們挨了一記回馬槍，那麼缺乏命名保護，則讓卡蒙貝爾這個理念繼續它征服的旅程。

下一場戰爭過後，一些跟布利德爾（Bridel，布列塔尼）、貝尼爾（Besnier，馬耶納）或是博格罕（Bongrain，馬恩省）一樣不那麼諾曼第風格的乳酪業者改走工業化路線，唯諾曼第仍秉持手工生產。但因當時只有經過完全檢測校準且一致的產品才能在超市上架，以至於諾曼第手工乳酪業者根本沒戲唱。如今，所有一九〇九年公會的企業品牌，比如蘭格托（Lanquetot）或是樂佩提（Lepetit），都隸屬拉克塔利集團（Lactalis，前身是貝尼爾，後來還收購布利德爾），或是在薩翁席亞集團（Savencia，前身即是博格罕）旗下。

② 作者注：從一九一九到一九三五，都是生產者採取法律行動之後，法院才對產區命名做出裁決。

十五

規範準則

——你好規格化，再見彎黃瓜

十九世紀末

十九世紀末，藉由生產合理化，卡蒙貝爾的企業主徹底改變了他們與牛奶和牛隻之間的關係。傳統上，每個農場會用自家牛隻的奶來生產乳酪，商業販售是例外狀況。十九世紀初，由於生產規模擴大，手工乳酪業者需要更多的牛奶而開始向附近農場購買。當時他們彼此的關係仍十分緊密，牛隻還生活在農場裡，是家族的一份子，買牛奶的人通常都知道供乳牛隻的名字。

然而在整個十九世紀裡，城市規模持續擴大（歸功於馬鈴薯！），卡蒙貝爾的生產必須跟上腳步，回應市民永不滿足的要求。乳酪業者開始向距離自家越來越遠的地方買牛奶，買主與賣家的關係日益疏遠，信任度也消失了。乳酪業者因而雇用乳品鑑定員，負責檢驗所買的牛奶是否新鮮（當時還沒有人工冷凍保存技術），而且沒有摻水[119]。

這種人工式品管只運作了幾十年。在生產量持續增加的情況下，為了讓互不相識的買主與供應商也做得成生意，必須找到一種新的科學方法：規範準則於焉誕生。十九世紀末，歐洲各地的政府部門無不想方設法，替那些眾所皆知但迄今仍有太多詮釋空間的食品（像是麵包、蘋果、酒醋或是葡萄酒）制定出明確定義來管理商業買賣。當時對於牛奶的定義是：「從一隻健康、營養均衡且未過度勞累的乳牛身上，完整而未間斷擠出的整體產物。收集過程衛生乾淨，且不包含初乳（乳牛剛分娩後所分泌的乳汁）[120]。」

有了這些定義，卡蒙貝爾或是其他食品生產者就能擬定合約，若供應商提供劣質產品則可以採取法律行動。但此外還有國際貿易的問題。規範準則會根據不同國家而有差異，導致食品出口複雜化，於是，規範的統整協調很快變成工業生產的當務之急。比如一九一三年，法國酒農必須商請外交部出面，跟奧地利政府協調，好讓波爾多的酒能銷售到奧匈帝國，因為該國對葡萄酒的定義與法國不同[121]。

看到這樣的情況，人們可能會以為規範都是由企業所訂定，並為其利益而服務：一個順暢無阻、和諧的世界，讓他們可以一再拓展其跨境銷售。但現實狀況其實更複雜。一九一三年，波爾多葡萄酒被禁止在奧匈帝國販售，是基於公眾健康考量的前提。在那個年代，法國的葡萄種植者在每公升葡萄酒裡可加入的二氧化硫上限是四五〇毫克，遠遠超過奧地利的法定上限（如今其上限為每公升一五〇毫克）。

儘管企業主自始至終虎視眈眈，有時還會抗爭反對科學的主張[122]，規範標準化的努力，仍首先著眼於衛生標準。十九世紀末，工業生產者和手工業者不太在意消費者的健康，他們會在麵粉裡混入石膏或木屑、在牛奶裡加甲醛來延長保存期限、取剛被宰殺的動物鮮血塗抹在變質肉類表面好增添色澤、拿腐爛的馬鈴薯來餵雞[123]……諸如此類不勝枚舉，接著就是一連串食安醜聞。

同樣在那段時間裡，科技飛快進步著。化學家將食物分解為碳水化合物、蛋白質和脂肪，奪走了至此還屬於民間知識的飲食領域。在科學主義的推動下，以科學來管理人類事物的力量成為絕對信仰，學者開始尋找「純粹的食物」。在白十字會（他們自詡等同於民間的紅十字會）於一九〇八年所舉辦的一場國際會議裡，來自全世界的科學家拼命為每種產品賦予一個理性的定義，包括前面我們提到的牛奶。藉由找回純粹、原始的食物，這些規範應該可以使勞工階級擺脫摻假的產品，並改善其健康。

食品規範所回應的不僅只是一種博愛式的義務。若說科學界和掌權者如此關注底層人民的健康，這同時也是出於利益考量（一個健康的工人工作會更有效率、更持久）與種族主義，因為他們擔心營養不良的白人會破壞種族血統[124]。

第一次世界大戰硬生生打斷了食品規範的標準化，但是相關努力仍持續，且在二戰結束後達到高峰，當時，聯合國制定出國際食品法典（*Codex Alimentarius*），一份提供給其會員國的規範清單。在此也一樣，人道主義原則凌駕於貿易考量之上，儘管兩者仍互有關連。

在歐盟，其執行委員會目前仍負責將法典編寫入歐盟法律。對於水果與蔬菜，其內容包括定義產品的四種等級：「特級」、「一級」、「二級」以及工業用產品。前三類必須遵循明確的規格文件，被淘汰的就落到最後一類[125]。這是何以直徑小於六公分的蘋果或是太彎的黃瓜不能歸類為「特級」來販售。相反地，只要正確地貼上「二級」標籤，我們可以販售任何尺寸的蘋果，只要它們沒爛掉。至於我們在超市裡只看得到外表完美的蘋果，那並不是規範所致，比較是經濟體系邏輯下導致的結果。生產者總是被刺激要販售更美、更昂貴的產品來增加收益，他們完全沒興趣在市場上推銷美味但是外觀醜陋的產品，這會有吞佔其特級品銷售市場的風險①。

話說回來，為什麼這些規範對食品的味道不感興趣呢？這純粹是現實考量。檢測尺寸、顏色、重量、酸度或是亞硫酸鹽含量，這些都是十九世紀末以來就滿容易做到的事。但檢測味道或是氣味，那是另一回事。首先是範圍問題。每一種味道都是十種化學分子的組合，而能夠辨識它們的有效感測器在近幾十年才出現。一種味道可濃可淡，可是我們很難說這種食物的味道是另一種的「兩倍濃」。實際上，味道是特定數量之特定分子所形成的精確組合，好比印記。若將一種印記的分子數量加倍，我們不會得到兩倍的味道而是不同的味道。

這些阻礙對科學家而言並非無解，電子鼻在近幾年可是進步飛快。不過——算是一種時代的標誌吧——這些科技並沒有讓那些旨在確保消費者取得美味食物的食品標準因而重新修訂。電子鼻反而成為海關人員

---

① 作者注：歐盟執行委員會負責食品規範，但在這個部分它幾乎只是將聯合國在一九五〇到一九七〇年間制定的規範加以調整採用，以保護消費者。委員會在規範化訂定的執行上，要與它在其他領域朝著新自由主義的偏移區隔開來。

的配備，用來偵測企圖躲在貨櫃或後車廂穿越邊境的人[126]。每個世紀都有它的當務之急。

十六 民族主義

二十世紀初期

——布列塔尼可麗餅：遊客催生的地方點心

隨著鐵路、行政管理與初等教育的發展，二十世紀初仍佔人口絕大多數的法國村莊居民，發現了自身以外的世界。在那種一個個體的世界可被歸納為他所居住的村莊、山谷，而一次城市之旅即是一場人生冒險的年代，身分認同的問題其實挺單純。當時有所謂的「在地人」——也就是當地的人，除此之外便是其他所有的人。彼時有的是種種社會性的區隔，而非地理上的。然而慢慢地，隨著每個人視野的拓展，「其他人」的概念似乎無法恰當地描述出現實，而民族主義（nationalisme）將會解決這個問題。

十八世紀的自然主義者與科學家，發現植物與動物會根據區域而分出群體與不同物種。以此類比，我們可以推斷人類應該也一樣，根據他們出生在甲地或乙地，而有著不可化約的差異。（起初這並非不辯自明，比如，某些人便質疑葡萄牙人要是定居在印度，是否就會變黑[127]。）透過種族和民族這種極為簡單的方式，就解決了他者性（altérité）的問題：如果隔壁的人不一樣，那是因為他們屬於另一類！一個領土上的行政管理者應該要負責定義出類別，而它採用的方式即使無法讓人信服，至少政治上是可接受的。

那些在十九世紀完成行政統一的領土，絕對有必要建立起一個「民族」類別，以限制領土收復主義的風險。這就是何以一八七一年德意志統一後，比起讚揚從波羅的海到阿爾卑斯山多元的烹飪文化，他們反而把一種統一的烹飪準則強加在整個德意志帝國身上[128]；又或者，在十九世紀末，他們重新頒布一項四百年前有關啤酒的法令：啤酒純釀法（*Reinheitsgebot*），規定啤酒裡除了大麥和啤酒花以外，禁止添加其他成分[129]。在千年文化這把保護傘之下，德國政府只滿足了慕尼黑大啤酒商的野心——真是驚喜！——他們的啤酒裡本來就沒有加其他東西，而他們北邊的競爭對手原本已發展出來的一種甜味啤酒文化，如今就消失了①。

在法國，我們的問題恰好相反。法國歷經世紀更迭，在斷續的戰爭和聯姻中統一。中央集權制為了要求地方各省跟隨其腳步，不免製造出潛在可能破壞穩定性的緊張；為了避免雪上加霜，就必須創造出區域多樣性，好讓各省將他們的地方文化視為民族文化。政府於是率先在教科書裡，用「小國家」（petit pays）的型態來介紹每個行政區，而它們聯合起來即是——法國[130]。

但是政府當然不至於把整套劇本都寫好，連現在被我們視為地方美食根基的食譜都給發明出來。地方美食主義的直接負責人是——小心不要被您的布列塔尼可麗餅噎死或是馬賽魚湯給嗆到——度假的巴黎人[131]。

實際上，二十世紀初，在巴黎出現了一些讓人一目了然的汽車俱樂部，像是「快活紳士美食家（*Gais gentilshommes gastronomes*）」或

「品味心理學家學院（*Académie des psychologues du goût*）」，自認擔起探索法國以找尋美食體驗的任務。他們從教科書裡學到每個法國地區都有它的特色，於是動身前去追尋對應的地方傳統。目睹這些巴黎車隊開著震耳欲聾、快速且排放出難聞廢氣的車子呼嘯而過的村莊，嗅到了商機，找到了讓觀光客慕名而來的當地菜色（要是找不到，就從隔壁城鎮挑個特產吧[132]）。

那些後來成為地方特色的美食，並非都是憑空杜撰出來的。幾個世紀以來，魚湯當然是馬賽的一種傳統，但是，是在宣稱這種普羅旺斯魚湯是馬賽的「地方特色」之後，它才成為其他地區再也不能拿來說嘴的身分標記。十九世紀末，這種普羅旺斯魚湯在尼姆（Nîmes）、

---

① 作者注：事實上才沒有消失呢！我們在超市可以找到的亞爾薩斯啤酒「Fischer Tradition」，裡面就含有葡萄糖漿。

馬賽等地都很普遍[133]，而且在整個普羅旺斯也都看得到。然而到了二十世紀，只有馬賽魚湯被納入官方烹飪遺產，而尼姆甚至忘記他們曾經以魚湯聞名。（如今，尼姆的官方傳統菜色是鹽漬鱈魚泥〔brandade de morue〕[134]）

在法國的另一角，布列塔尼可麗餅也歷經同樣的過程。用麵粉、水和成麵糊做成餅，人人都會，從印度人（印度烤餅恰巴蒂〔chapati〕）到俄羅斯人（薄煎餅〔Blini〕）皆然。的確，布列塔尼人想必從好幾個世紀以來就這麼做了，但是我們從十九世紀中期以後，才發現「布列塔尼可麗餅」的蹤影[135]。早先在美食地圖上，布列塔尼只標註為魚類供應區。要等到一九一四年，巴黎所編撰的米其林指南，才首次出現一則點評，證實「布列塔尼可麗餅」是莫爾比昂省（Morbihan）的特產[136]。

布列塔尼可麗餅之所以會出頭，無疑是相對於法國其他地區常吃的那種以小麥粉為基底、「裡面含有奶油」的可麗餅[137]。布列塔尼人太窮了，沒辦法像其他人一樣，在麵糊裡加那麼多奶油[138]。使用蕎麥粉代替小麥粉也是因為當地窮困的現實所致。蕎麥是一種草本植物，不是禾本科的穀物，它有無限的優勢能在非常貧脊的土地上生長，而且耐旱——顯然這就是有錢人長期以來偏好小麥的理由，凸顯其獨佔性。在我們的時代，有很長一段時間裡，蕎麥是整個歐亞大陸，從中國到布列塔尼，窮人麵粉的基底[139]。若說布列塔尼在十九世紀以蕎麥粉聞名，那是因為它是法國最後一個由於農人實在太窮困，而繼續種植蕎麥的的地區[140]。完全是觀光行銷的天才，才在幾十年間把一個經濟發展遲緩的印記，轉化為地方身分認同的象徵。

二十世紀

十七 殖民主義

——庫斯庫斯，堪稱法國人的最愛

根據二〇一一和二〇一五年分別由TNS和BVA市場研究公司完成的兩份市調，庫斯庫斯（couscous）是繼鴨胸之後，法國人最愛的菜色之一[141]。在著手研究何以庫斯庫斯會普遍到這種程度的時候，我無意間看到一則溫馨的殖民地寓言，裡面提到黑腳（pied-noir）①應該是殖民時期在阿爾及利亞學會料理庫斯庫斯，後來跟著一九五〇年來到法國的阿爾及利亞工人，攜手把這道菜推廣到大都會。

我很喜歡這則故事，它暗示了白人和阿拉伯人平民階級在烹飪上的結盟，但是這點出了一個問題：如果白人和阿拉伯人在法國大都會推廣了庫斯庫斯，那麼西非的黑人為什麼沒有讓瑪費（mafé）普及起來？瑪費這道菜，是用番茄醬和花生醬來燉肉，然後淋在白飯上吃，它既有飽足感、做法容易、花費也不高，就跟庫斯庫斯一模一樣。從巴馬科（Bamako）到達卡（Dakar）都可以看到瑪費的蹤影，而食譜也在法國大都會那些馬利與和塞內加爾社區延續下來。在殖民者與被殖民者之間的交流上，這道菜的象徵意味比庫斯庫斯更濃厚，因為把花生醬文化帶到西非的正是法國人。然而瑪費從來沒有進入法國人最愛菜餚的排行榜裡。所以，為什麼是庫斯庫斯而不是瑪費？

庫斯庫斯原本是中世紀時那些受到阿拉伯影響國家的平民菜色，在北非與西班牙，基督徒跟穆斯林一樣喜歡且經常吃（請同時參閱第八章）[142]。西班牙人在找尋一種讓他們能抹除阿拉伯色彩的民族認同過程中，拋下庫斯庫斯，選擇了西班牙海鮮燉飯和火腿，以至於在十九世紀與二十世紀初，庫斯庫斯確實成為來自北非、純屬阿拉伯的一道菜。那麼，法屬阿爾及利亞的全體居民都會吃嗎？當然沒有。一九三〇年代初

① 譯注：黑腳（pied-noir）指的是出生於阿爾及利亞的法國人。更廣義可指一九五六年突尼西亞、摩洛哥獨立、一九六二年阿爾及利亞獨立之前，具有歐洲血統並居住在法屬北非的法國人。

期，法蘭西學院（Académie française）編纂了第八部字典。從這部字典裡，我們讀到庫斯庫斯是一道「阿拉伯菜餚，將絞肉與麵粉混合後，搓成很小的丸子並加以油炸而成」——這樣的食物叫做肉丸子，跟庫斯庫斯一點關係也沒有。但是，明明很多法蘭西學院的院士都出生或曾居住在阿爾及利亞[143]。可見他們根本從來沒吃過庫斯庫斯，他們只是看過阿拉伯人在吃，且是遠遠看到而已。

其他資料證實了這種烹飪上的隔離與歧視。兩次世界大戰期間，大批參與戰爭的阿拉伯軍隊，都以庫斯庫斯為主食——但只有阿拉伯人有權買來吃，白人不行[144]。在阿爾及利亞當地，不同群體藉由食物來建立個別的身分認同。在安納巴（Annaba，當時叫邦納Bône）的某個工地，一位專欄記者在報導中提到，法國人喝馬賽魚湯，義大利人吃「macaronnade」（原文如此）②，而阿拉伯人呢？庫斯庫斯[145]。

在《世界報》（*Le Monde*）的檔案資料裡，直到一九六二年之前，所有與庫斯庫斯有關的資料都發生在阿拉伯人餐桌上，無論在阿爾及利亞或在法國都一樣[146]。一九六二那年，一切都變了③。阿爾及利亞的白人逃亡到法國（加上他們極大一部分在此並沒有親人，且原生父母是西班牙或義大利人），必須在這裡建立起一個身分認同。當時，白人在阿爾及利亞並沒有一個共同的認同，他們像在大都會一樣，是以社會階層來彼此區隔。抵達法國後，他們所經歷過的逃亡經驗，促使他們建立了一個新的群體：黑腳[147]。而就像我們打造文化認同時的一貫手法，他們需要一種獨特的食物。那就是庫斯庫斯。

---

② 譯注：在此作者所引用的資料誤植為macaronnade，故作者特意在括號內註明「原文如此」。正確拼法應該是macaronade，一種混合了牛肉與番茄醬汁的通心粉（macaronis）。這道菜是法國南部賽特（Sète）的傳統菜色，當地自古即有許多義大利移民。

③ 譯注：一九六二年是阿爾及利亞戰爭（一九五四至一九六二）結束，阿爾及利亞脫離法國殖民獨立的那一年。

確實，從一九六二年起，《世界報》的檔案資料裡，由黑腳舉辦的「庫斯庫斯大對決」、「僑胞庫斯庫斯同歡會」等宣傳廣告泛濫成災。一九六二年底，有位記者做了一次巴黎新餐廳巡禮，提到有一家位於十八區的「荷內」（René），為顧客提供庫斯庫斯這道菜[148]。荷內很可能就是一位剛在巴黎安頓下來的黑腳。而要等到一九七〇年代末期，才有一位《世界報》的記者推薦讀者可以到法國的「布拉罕家」（chez Brahim）這家餐廳，品嚐阿拉伯的庫斯庫斯[149]。

庫斯庫斯在法國被接納，並不是因為殖民者將部分被殖民者的文化整合進來，而是因為黑腳需要一種社會標籤，來連結他們的群體。在殖民期間，大部分歐洲過去的移民排斥庫斯庫斯，因為食用它恐怕會破壞作為其統治體系根基的文化差異。要等到白人（那些黑腳）取得食用庫斯庫斯的正當性之後，吃這道菜才被認可。要是一九六〇年代有一百萬名白人在塞內加爾落腳，今天受到法國人青睞的，無疑就會是瑪費。

上菜！

庫斯庫斯的關鍵，就在於粗麥粉。要將它煮得輕盈、粒粒分明而且容易撥鬆。而烹煮粗麥粉的祕訣，就是在一開始的時候手法要正確，避免它們黏成一團或吸太多水。第一個步驟要用油，請拿一個大盆，將粗麥粉、橄欖油與鹽混合（用手，讓粗麥粉可以在掌心滾動）。第二個步驟，將粗麥粉用水一點一點沾濕，避免結塊。第三個步驟，放進庫斯庫斯蒸鍋，用蒸的。如果您沒有專用蒸鍋，就自己動動腦發揮創意，比如拿一個竹蒸籠，底部鋪上一層烘焙紙，戳一些小洞。

至於醬汁，可以根據您的口味、在地或當季食材來製作。可以加入白蘿蔔、球莖甘藍、紅蘿蔔或馬鈴薯——重點是，讓自己吃得開心。如果您吃肉，別忘了要帶骨一起煮，就跟手撕豬一樣（見第五章），骨頭所釋放的膠原蛋白會讓口感更好，且肉不會顯得乾柴。

十八

消費社會

二十世紀後半

——鮭魚壽司，日本「傳統」料理

壽司，這種把生魚片放在醋飯上一起吃的食物，我們認識。日本人這樣吃已經有數百年了。只是既然吃生的魚，就得注意寄生蟲的問題，而寄生蟲在淡水魚裡又特別多，尤其我們談的是二十世紀時日本河川。工業的蓬勃發展，讓許多工廠在一九七〇年代時，隨便把化學物質直接傾倒入河，有些河川因此跟著汙染物而變紅或轉黑[150]。

在這樣的情況下，日本人於是避免採用淡水魚，首當其衝的就是在生命尾聲從海洋逆游回到河川產卵的鮭魚。在一九八〇年的奧斯陸，這個距離東京八千公里的城市，遇到的則是另一個問題。他們出產品質優良的鮭魚，但是找不到任何銷售通路。挪威人十年前在水產養殖取得了突破，比起十九世紀末以來在巨大魚缸裡養殖的作法，他們成功地直接把魚飼養在海中的浮式箱籠裡。因為挪威海岸處處是峽灣，而且一整年都有墨西哥灣暖流帶來溫度怡人的海水，水產養殖就這麼日益發達起來[151]。但癥結點在於：沒有人吃鮭魚，導致庫存堆積如山，而生產過剩造成了威脅。

當時，挪威最北邊的芬馬克郡（Finnmark）有位議員，本身亦是漁業議會委員會的一份子，提出把過剩的鮭魚存貨賣給日本人的想法。這位挪威議員的三段式推論雖然有點簡化，但清楚扼要：日本人吃魚，鮭魚是魚，所以日本人會吃我們的鮭魚。一九八五年，他讓一家水產養殖業研究所的所長比恩・奧森（Bjørn Olsen）以大使館商務專員的身分前往東京，負責把五千噸的鮭魚給銷出去。奧森無論如何都想讓挪威鮭魚出現在壽司上，並從此常駐日本餐廳的菜單。挪威鮭魚的優勢在於養在海裡，所以不會吃下太多寄生蟲。只不過，光是塞給日本餐廳一個「保證不含條蟲」的徽章就要他們買帳是很難的，最後，奧森成功把這些鮭魚存貨賣給一家低階冷凍食品經銷商，在這樁買賣裡，他只提出一個條件：這些鮭魚必須賣給壽司店[152]。結果一炮而紅，立刻獲得消費者的好評，儘管高級餐廳拒絕提供鮭魚壽司（至今仍如此，鮭魚在日本最顯赫的名廚眼裡，形象還是很差）。一九九〇年代末，日本文化與它的壽司，包括鮭魚壽司，成為全球的流行。全世界嚐鮮吃著鮭魚壽司捲、鮭魚握壽司和鮭魚生魚片，人們認為自己吃到一道傳統日本料理，而挪威的鮭魚產業也因此被拯救。

水產養殖業並不是發明出傳統菜色的唯一產業。這種操作在一九七〇和一九八〇年代都獲得極大的成功。霍布洛雄（Reblochon）的跨專業公會想在一九八〇年代傾銷乳酪庫存時，便發明了一種新的「傳統」食譜：薩瓦焗烤馬鈴薯[153]。總之，在乳酪這個圈子，業者打造「偽原創」的印記可是當機立斷，聖阿爾布雷（Saint Albray）也是，從頭到尾，都是在一九七六年捏造出來的。

從一九八〇年代末期開始，產業在傳統領域的挪用上，手腕更靈活了，佩海爾（Pérail）的故事便是一例。法國中央高原以南的科斯地區（Causses），亦即佩海爾的發源地，其綿羊飼養業在十九世紀時，隨著鄰近洛克福乳酪（roquefort）廣受大眾歡迎而壯大。當地酪農習慣用季末剩餘的綿羊奶來製作自己的乳酪：佩海爾——專供自家人吃，但產量較多時也會拿到塔恩省（Tarn）一帶的市場上販賣或交換其他產品[154]。隨著一九五〇年代的到來，鄉村人口大量外移，這項傳統也逐漸沒落。原本它早該消失的，要是一九七〇年代，嬉皮沒有在拉爾扎克（Larzac）落腳的話。長髮披肩，吉他在手，但是吃飯的問題該怎麼解決？他們詢問附近的老人，重新開始自製佩海爾——不過他們不拿來販售，嬉皮重視的首要價值可不包括創業。要等到逆都市化的風潮興起，鄉村人口回流，且新來的這群人同時與都市銷售通路和酪農業者有所聯繫，才讓手工乳酪坊見到一線曙光，佩海爾因而商品化。珍寧・瑪斯比歐（Jeanine Massebiau）就像之前的瑪麗・阿雷爾，她與幾個人聯手，將精力投注在他們的乳酪上。珍寧促使超市上架這些乳酪，自己還到銷售點做宣傳活動，從蒙貝里耶到亞維儂，說服消費者嚐嚐佩海爾乳酪。

不過，瑪麗．阿雷爾與珍寧．瑪斯比歐的比較到此為止：十九世紀初的資本主義與二十世紀末完全不能相提並論。

佩海爾從遺忘中被救回來之後，很快便被乳品業者接管。在一九八〇年代，綿羊奶產量過剩，迫使洛克福乳酪業者必須做出抉擇清掉庫存：生產奶粉，或者製造其他乳酪。二〇〇〇年，「洛克福」法定產區管制（A.O.C.）的規範文件修訂後，使這個問題更為嚴重。從前要製作洛克福，只要是波爾多和阿雅克肖（Ajaccio）之間產的綿羊奶都可以，但從二〇〇五開始，法定產區管制的區域大幅限縮。阿維宏省（Aveyron）的蝴蝶牌（Papillon）和拉克塔利集團，這兩大乳酪業者做過市場研究後，著手投入佩海爾的生產。隨著他們上百萬的資金、廣告、品牌（比如盧培哈克〔Lou Pérac〕）①與銷售通路，佩海爾被大幅拓展到超出法國南部以外的地區，同時，順便輾壓過那些促成佩海爾普及化的手工乳酪小農。

① 譯注：盧培哈克（Lou Pérac）是拉克塔利集團旗下的品牌之一。

二十世紀末

十九 歐盟

——K霸：歐洲認證的土耳其三明治？

K霸（Kebab）①，這種好吃的土耳其三明治……土耳其？才不是，K霸來自德國，它是在柏林誕生的！我們可以說它來自某種鄂圖曼料理手法、西德資本主義，加上歐洲人生活方式之間的碰撞。

K霸，從歐洲極西的莫爾萊（Morlaix）到波蘭和白俄羅斯的邊境比亞瓦—波德拉斯卡（Biała Podlaska）；從西班牙南邊的塔里法（Tarifa），到距離北極圈幾十公里的瑞典城市呂勒奧（Luleå），都有它的蹤跡。歐盟就是K霸的家，甚至這是唯一一種在歐盟處處可見，但在別區卻找不到的食物。

因為全球化，到處都可以看到壽司店或泰國餐廳，但是K霸，我們只在歐洲才看得到。在相當於Google Maps的開源軟體裡，我任意選了兩千家在世界各地的K霸和Döner餐廳：五家裡面有四家都位於歐盟[155]。就算在土耳其，您大概也很難找到Döner。在那裡，K霸維持它原本的意義（「kabab」，這個阿拉伯文來自土耳其「kebap」這個詞，意思是「烤肉」）。您點一份K霸，他們會給你端來一份烤肉串，而不是三明治。

為什麼K霸成為歐洲最出色的三明治？這很難解釋。關於K霸起源的科學文獻永遠比魚醬少，而且約有數十家土耳其餐廳老闆都自稱是發明者。一份好吃的K霸要從肉開始，最早是用羔羊或牛肉，醃漬、疊成二十公斤的烤肉串，再垂直串烤。垂直烤法跟過去歐洲以水平方式燒烤一大塊肉不同，這似乎是鄂圖曼帝國的一種技術。在希臘旋轉烤肉（gyros）或阿拉伯的沙威瑪（shawarma）也可以看到類似的手法（大部分的希臘人和阿拉伯人直到十九世紀末都生活在鄂圖曼帝國），而「沙威瑪」這個字來自土耳其文。直立式烤肉有三個好處：油脂會沿著肉串

---

① 這種三明治在法國稱K霸（烤肉之意），德國稱Döner（音譯：多納，旋轉之意），台灣多稱之為沙威瑪。

流下來而確保整串烤肉的美味、可放置的烤肉份量比水平旋轉烤肉架來得多很多、燒烤熟度隨著廚師從錐狀肉串上把肉削下來慢慢增加。若要在滿長一段時間裡提供數百份食物，這是個非常理想的選擇。

直立式旋轉烤肉架應該是十九世紀時在鄂圖曼帝國出現的[156]。剩下的問題，就是把我們帶到歐洲的三明治了。一九六〇年代，德意志聯邦共和國雇用了數十萬土耳其工人到建築工地工作。土耳其人在德國定居後，也把妻小舉家帶來，然而十年後，經濟大危機爆發，失業人口增加了。在西柏林，有一小部分土耳其人極具危機意識，毅然決定投入美食產業[157]。他們發明了一種新產品，基本餡料是旋轉烤肉（döner kebab）跟沙拉，用四分之一塊披德薄餅（pide）包起來，僅供外帶。他們主打的客群是白人，而不只限於土耳其裔德國人，因為考量到市場規模，網還是撒大一點的好。在速食市場上，他們將自己定位在剛進軍歐洲的麥當勞連鎖速食集團之下，傳統柏林速食點心比如*Currywurst*（淋上番茄醬與咖哩的香腸）之上。很顯然，他們沒有足夠的資金打造內用的餐廳。

他們的策略一炮而紅。第一家K霸餐車在一九七五年開張，十五年後K霸產業的產值已達到二五〇億德國馬克（相當於當今二百億歐元），而德國人每天可吃掉一百萬個döner[158]。K霸切入的時機點剛剛好，不只在速食外帶產業裡佔有絕佳的定位，還搭上新興的異國美食風潮，再加上它是在我們面前以新鮮食材做成的，呼應了反垃圾食物的趨勢。

Döner因為兩起事件而拓展到西德以外的區域，且成為它征服歐洲的前置準備。一九八〇年代末，柏林最大的那些K霸老闆創立了一個非官方公會，完全跟在他們之前的卡蒙貝爾業者一樣（見第十四章）。Döner的成功帶來諸多競爭，大量新加入的業者把價格——還有品質，公會說道——給降低了。於是，公會要求德國政府建立規範，並定義出獲得許可的döner。一九八九年七月一日，協議達成，而詩意的標準：柏林旋轉烤肉三明治肉品之公定交易規範（*Festschreibung der Berliner*

Verkehrsauffassung für das Fleischerzeugnis Dönerkebap）開始實施。

或許這些變動對消費者而言有利。反之可以確定的是，市場將新的加入者拒之門外，而原本餐廳老闆的利潤變得豐厚。一旦西柏林的市場被鎖上，K霸業者只能往失落的神祕國度發展——東德，一個才剛融入德意志聯邦共和國的地區。一九九二年，兩德統一不到兩年的時間，在東柏林已經有八十家K霸。

K霸從東德開始的版圖拓展從未停止過。一九九〇年代初期，K霸經由亞爾薩斯的土耳其歐洲人社群進到法國[159]，幾年後，在巴黎吃到K霸已經是再正常不過的事[160]。在法國，我們把這種遠近馳名的三明治一視同仁地稱作「K霸」或「*grec*（希臘的）」。這個問題與歷史有關。二十世紀初，法國政府大量引進鄂圖曼帝國或希臘當地（當時希臘的領土比現在更小）的希臘勞工，先是讓他們替軍火工廠工作，接著是一九二〇年代的重建工程。第二次大戰之前，經統計，歐洲國家中就屬法國的希臘移民最多[161]。而在巴黎，聚集最多希臘人的是第五區，雨榭特路上（rue de la Huchette）希臘餐廳的密集便是一見證。就像所有流落異鄉的族群，希臘人開起傳統餐廳，裡面提供的是鄂圖曼帝國代表性食物，特別是直立式串烤架上的烤肉。土耳其歐洲人普及並推廣旋轉烤肉三明治的時候，巴黎人因為早在幾間希臘餐廳嚐過而略有所聞——這便是何以兩者名稱會有所混淆。

一九九〇年代，歐洲到處都有來自土耳其歐洲人社群的創業者投入K霸產業。歸功於單一市場，要進口旋轉烤肉架、肉類與其他原料完全不成問題。短短十年間，在柏林發明的這種三明治儼然成為歐洲風景的一部分。比如在二〇〇二年，一個西班牙記者到法羅群島（îles Féroé）旅行時，發現那裡有好幾家K霸，竟也覺得理所當然[162]。

那麼急速擴展的K霸版圖何以會止步於歐盟的邊界（或者更精確地說，是止步於歐盟單一市場的邊界，包括瑞士、挪威和冰島）？這很可能是個市場結構的故事。K霸的成功，絕大一部分是因為歐洲人對大型連鎖速食產業的戒心。若是哪個業者授權讓同一個品牌來經營多家餐廳，那些K霸便會整個失去魅力（好些業者嘗試過，但沒有一個連鎖品牌能開設超過十家餐廳）。要進軍美國或中國，必須在當地找到肉類供應商、打廣告說服當地人放棄漢堡改吃K霸、遵循新的規範……這些都得花錢，且這樣的資金沒有任何一個歐洲K霸業者負擔得起（而我很難想像，歐洲公共投資銀行會貸給一個土耳其歐洲企業主數百萬歐的必要資金）。反之，在歐盟裡，只要向德國供應商訂購一個旋轉烤肉架與二十公斤的冷凍肉就可以開張了。人口與商品的自由流通，也是美食創新的自由流通。

上菜！

您可以投資一台自家用的K霸機器，只要兩百歐元，就能用垂直方式來烤四到二十公斤的肉串。要是您住在距離真正的K霸超過五十公里遠的地方，比如在凱爾蓋朗群島（Îles Kerguelen），這可是個理想的選擇。

正經點說，如果您想混合土耳其烤肉的激情熱烈，與地中海菜餚的透涼新鮮，替自己準備一些綿羊肉丸子和希臘黃瓜優格醬（tzatziki）吧。要做綿羊肉丸子，請肉販幫您準備肥瘦比例一比二的羊絞肉（不然丸子會太乾）。用一些孜然籽和少許蒜頭調味。醬汁的部分，挑戰在於要保持黃瓜的鮮度，但不能讓它變得湯湯水水。黃瓜削皮後，刨絲，灑鹽，靜置等它出水，然後擠乾。加入希臘優格、薄荷、蒜末、鹽，接著您便可以做出比Kiss Cool涼涼糖還要清涼、跟您的烤肉丸子超搭的佐醬。

現在與未來

二十 那麼之後呢？

——不是誰都搭得起的生菜沙拉艙

金波・馬斯克（Kimbal Musk）深信他會改革農業，就跟他的哥哥艾隆（Elon Musk）想重新發明汽車（藉由電動車特斯拉）、火車（藉由超迴路列車），以及太空旅行（藉由SpaceX）一樣。金波在二〇一六年底創立了垂直農場新創公司Square Roots，那是一個都市農夫（urban farmers）的孵化器（incubateur）①，而根據他的想法，這將改變我們的飲食[163]。除了更靠近消費者之外，都市農場使用水耕栽培技術，以精心調配養分的水溶液取代土壤，從而精準管理作物。

許多企業像是Freight Farms，提出以平均八萬五千美元（七萬兩千歐）的價格，就能讓您擁有一個*Leafy Green Machine*（法文稱為「生菜沙拉艙」）的點子。那是一個十二公尺長的貨櫃，裡面有完整水耕設備，您可以馬上開始種植生菜，並直接透過應用程式在智慧型手機上追蹤其生長狀況。這類都市農業的另一個指標性代表是Lufa Farms，他們直接在一家超市的屋頂上打造一座溫室，就在蒙特婁市中心。

都市農業與垂直農場讓人心生嚮往，但遠遠稱不上是生態環保的萬靈丹。在蒙特婁種植番茄，一定會比從加州進口番茄排放出更多二氧化碳，就算把運輸過程中的柴油都算進去也一樣[164]。讓作物在貨櫃裡生長提供了很高的生產率，但必須有不間斷的人工光源，好比所有企圖在公寓裡栽種大麻的人都知道：水耕種植所費不貲。尤其，它需要水流持續流過作物根部，萬一供電出了問題，所有收成便會付之一炬。這樣的風險迫使每個都市農場都要裝設一台緊急備用發電機[165]。

不是所有作物都適合這種型態的種植方式。小麥、玉米或是馬鈴薯就不可能在溫室裡生長。譬如在*Leafy Green Machine*貨櫃農場裡，我們

① 作者注：孵化器是投資者藉由提供那些新成立的公司（如新創公司〔start-up〕）建議、辦公空間與聯絡管道，從中拿取如股份等部分利益。其目標是透過創業扶植讓新創公司順利上市或被收購，以便從取得的股份中獲利。

只能種植生菜沙拉或是香草植物。

儘管經過鋪天蓋地的宣傳，都市農業並沒有發展起來。大部分在二〇一〇年成立的新創公司無法做大。Lufa Farms表示他們的藍圖是「一個屋頂被農場覆蓋的城市」，但目前蒙特婁只有兩座（分別建於二〇一一和二〇一三年），想來他們還有不少屋頂要覆蓋。其他新創公司也紛紛舉起白旗，像是美國的Bright Farms，他們甚至連都市農場都沒開過，寧願在大都會鄰近的鄉間設置大型溫室。金波・馬斯克的願景：每個階層的市民都可以吃到自家大樓屋頂上生產的新鮮蔬菜，恐怕無法這麼快實現。

在我們可能的飲食未來裡，唯一能確定的只剩下全球暖化。例如，海洋的酸化威脅到貝類，特別是生蠔的幼體[166]。解決方法是有的，像是海水過酸時，阻擋海水進入生蠔苗圃，但是這種應變措施恐怕會讓軟體動物的價格攀升[167]。反之，海水溫度的上升就較難適應了。在北海，大概到這個世紀中期，我們就會眼睜睜看著黑線鱈（haddock）、鰈魚（carrelet）消失，取而代之的是紅鯔魚（rouget）[168]。我們將獲得的魚湯（主要原料是紅鯔魚），其實是會在炸魚薯條（主要原料是黑線鱈）裡失去的東西。

法國領土的氣候將會到處「地中海化」，除了原本就已經是地中海的區域。在南部海岸，則會乾旱化。當人們想到之後能在迪耶普（Dieppe）喝著飽含諾曼第橄欖油的馬賽魚湯，會認為全球暖化還是有些好處嘛。（只是，不能同時去想屆時大部分的熱帶地區都已經不能住人了[169]。）少了灌溉設施，收成大概會被砍半，還要到處興建水庫以預防四月時可能摧毀所有收成的乾旱[170]。這還沒有把必定會越來越頻繁且兇猛的颶風和水災算進去呢！早在二〇一七年的夏天，我們已經見識過每小時一五〇到二〇〇公里的颶風，如何把加勒比海地區的甘蔗園和棕櫚林夷為平地。我們的溫室和果園也將不堪一擊。

這些氣候變化將會受到政局改變的刺激催化。一次在地環境生態危機破壞了某種蔬菜或水果的生產，並不會引起任何討論，因為經銷商會從世界另一端進口我們所需的蔬果，先把他們的利潤降低個幾天，好讓我們其他消費者不受到影響。比如在二〇一七年一月，西班牙的莫夕亞（Murcia），冬天時幾乎歐洲所有冰山萵苣都由它生產的城市，遭到洪水肆虐，隨後又有幾天的結霜[171]。不要緊，歐洲人（主要從美國）空運進口了超過兩千噸的萵苣來替補（您可以想像二十架裝滿生菜沙拉的波音七四七）[172]。

糧食穀物跟蔬菜一樣。在加拿大、美國和澳洲，由於乾旱太嚴重導致二〇一七年小麥的收成幾乎比歷年少了一半。俄羅斯的出口（以及因為無麩質飲食風潮而減低其消費量）抵銷了這次的歉收，讓中國可以取得美國人無法供應的小麥[173]。想像一下若是換成黑海沿岸地區的作物因為乾旱而受到衝擊，那會發生什麼事。事實上，我們已經在二〇〇八年見識到了。當時，由於幾次乾旱造成了糧食穀物價格看漲，吸引了一些投機者而導致糧價飆升。抗議活動（有時演變成暴動）驅使大部分受影響的國家限制出口，以避免他們的糧食產出銷售到國外，加劇其危機[174]。

在法國，我們會思考這個問題，但沒那麼重視：農業部「經濟績效」總署下的「環境績效」處的「氣候變遷與生物多樣性」辦公室，有十一位公務員負責產出報告[175]。佔農業部三千一百人裡的十一人。氣候變遷可不是他們唯一的業務，他們還必須負責空氣品質、能源轉型與混農林業[176]。

儘管乾旱、洪災或是颶風同時影響大部分糧食穀物產區的情況不是「如果」而是「遲早」的問題。可以想見的是在此刻，大部分的政府，比如川普上台以來的美國，十分仇視國際貿易而寧可禁止所有食品出口。未來數十年後的食物危機將會比二〇〇八年更嚴峻，且直接影響到我們。

而在那個時候，我們會再度看到馬斯克兄弟。收入與財富的不平等將持續擴大，從電動車特斯拉到貨櫃水耕農場，尖端科技讓最富有的人可以維持跟現在一樣頂級的生活方式。我們可以想像，從現在起的十五或三十年後，大部分的人使用糧食配給券來購買麵包或義大利麵，而另外的幾千人，滿嘴都是他們在自家倉庫種植的新鮮蔬菜。

這種見解一點也不獨特，這跟宰制歐洲十七世紀中到十九世紀末的情況類似。我們當然可以透過讓作物適應氣候變遷、縮小生產燃料的面積、減少肉類的攝取，並更公平地共享資源來阻止這樣的局面到來，但是握有權力的男性與少數女性，似乎都不太感興趣。

致謝

我想感謝所有花時間回答我各種奇怪荒誕提問的科學家與專業人士，特別是Stuart Fishman、Sophie Lucas、Vincent Flauraud、Ayşe Çağlar、Julia Csergo、Benoît Gourdon、Pierre Boisard和Gunther Hirschfelder。我還要特別感謝Alexandra Elbakyan，如果沒有她就不會有這本書。

而若是沒有Judith Duportail，與編輯Antonin Iommi-Amunategui et Anne Zunino對我的信任，這本書也無法面世。特別感謝Anne-Lise的多

次校閱，以及她在校閱之前所給予的大量建議，對我書寫的鼓勵，同時感謝Marion和她的提點。最後，感謝Johanna，每天讓我開心地陪伴她。

注釋

1 我們舊石器時代的祖先當然還吃其他各種東西，而這根據季節和他們所在的地點。關於舊石器時代末期的飲食，請參照：Hayden, Brian, "*Nimrods, piscators, pluckers, and planters: the emergence of food production*", *Journal of anthropological archaeology*, 9.1, 1990, pp. 31-69.

2 同上。

3 關於農業的出現還有其他的假設，尤其有一說是氣候變冷可能迫使人類務農。這個說法在九〇年代是科學研究的主流，但現在普遍認為已不適用。參考來源主要是：Watkins, Trevor, "*Changing people, changing environments: How hunter-*

gatherers became communities that changed the world", *Landscapes in Transition*, Oxbow Books, 2010, pp. 106-114.

4 Braidwood, Robert J., et al. "*Symposium: Did man once live by beer alone?*", *American Anthropologist*, 55.4, 1953, pp. 515-526.

5 Hayden, Brian, Neil Canuel, and Jennifer Shanse, "*What was brewing in the Natufian? An archaeological assessment of brewing technology in the Epipaleolithic*", *Journal of Archaeological Method and Theory*, 20.1, 2013, pp. 102-150.

6 McGovern, Patrick, et al. "*Early Neolithic wine of Georgia in the South Caucasus*", *Proceedings of the National Academy of Sciences*, 114.48, 2017, E10309-E10318. Voir aussi Feiring, Alice, *Skin Contact*, Nouriturfu, 2017.

7 Guerra-Doce, Elisa, "*Psychoactive substances in prehistoric times: examining the archaeological evidence*", *Time and Mind*, 8.1, 2015, pp. 91-112.

8 de Saulieu, Geoffroy, and Alain Testart, "*Innovations, food storage and the origins of agriculture*", *Environmental Archaeology*, 20.4, 2015, pp. 314-320.

9 Scott, James, *Against the Grain, a Deep History of the Earliest States*, Yale

University Press, 2017, p. 108.

10 同上。

11 參考比如：Hirschfelder, Gunther, *Europäische Esskultur: Eine Geschichte der Ernährung von der Steinzeit bis heute*, *Campus Verlag*, 2001, chap. 4.

12 Curtis, Robert, "*In Defense of Garum*", *The Classical Journal*, vol. 78, n°3, *Feb.-Mar.* 1983, pp. 232-240.

13 Reade, Ben, "*Umami Arising from Salt Rich Fermentations*", Nordic Food Lab, 22 mars 2012, voir: http://archive.is/xhAo4

14 Etienne, Robert, « À propos du "garum sociorum" », *Latomus*, vol. 29, fasc. 2,avril-juin 1970, pp. 297-313.

15 Grainger, Sally, "*What's in an experiment? Roman fish sauce: an experiment in Archaeology*", Exarc, janvier 2012, voir: http://archive.is/LnR92

16 Etienne, R., *op. cit.*

17 Mouritsen, Ole, Duelund, Lars, Calleja, Ghislaine et Frøst, Michael, "*Flavour of fermented fish, insect, game, and pea sauces: Garum revisited*", *International*

Journal of Gastronomy and Food Science, vol. 9, octobre 2017, pp. 16-28.

18 Davies, R. W., "*The Roman Military Diet*", *Britannia*, vol. 2, 1971, pp. 122–142.

19 Killgrove, Kristina et Tykot, Robert. "*Food for Rome: A stable isotope investigation of diet in the Imperial period (1st–3rd centuries AD)*", *Journal of Anthropological Archaeology*, vol. 32, n°1, mars 2013, pp. 28-38.

20 Valeur, Jørgen, Arnold Berstad, and Trygve Hausken, "*The effect of body position on postprandial perceptions, gastric emptying, and intragastric meal distribution: an ultrasonographic study in reclining healthy subjects*", *Scandinavian journal of gastroenterology*, 50.2, 2015, pp. 170-173. L'étude ne porte que sur huit personnes, espérons que d'autres chercheurs puissent confirmer ces conclusions avec une étude plus large.

21 除非另外說明，本章的參考來源均來自：MacMullen, Ramsay, *Corruption and the Decline of Rome*, Yale University Press, 1988.

22 Titus Livius (Livy), *The History of Rome*, *Book* 39, voir: http://archive.is/arKFN

23 Plutarque, *La Vie de Caton le Censeur*, p.20, voir: http://archive.is/ZHPC

24 Brown, Peter, *Through the Eye of a Needle: Wealth, the Fall of Rome, and the Making of Christianity in the West, 350-550 AD,* Princeton University Press, 2012. p. 57.

25 Samellas, Antigone, "*The anti-usury arguments of the Church Fathers of the East in their historical context and the accommodation of the Church to the prevailing "credit economy" in late antiquity*", *Journal of Ancient History*, 5.1, 2017, pp. 134-178; et Zanda, Emanuela, *Fighting Hydra-like luxury: sumptuary regulation in the Roman Republic*, A&C Black, 2013, p. 7.

26 Scott, *op. cit.*, p. 235.

27 Strang, Jeanne, "*Foie Gras: As Seen from Southwest France*", *Gastronomica*,vol. 7, n°1, hiver 2007, pp. 64-69.

28 Lu dans « Le foie gras est-il cacher? » sur le site Réflexions J, voir: http://archive.is/LiW2q

29 Rand, Harry, "*Before Shylock: Synagoga*", *Jewish Quarterly*, 61: 3-4, 2004, pp. 18-23.

30 Vannier, Paul, *L'ABCdaire du foie gras*, Flammarion, 2002.

31 Rand, Harry, *op. cit.*

32 Interview avec le prof. Fischman, auteur de: Fischman, Stuart L., "*The history of oral hygiene products: how far have we come in 6000 years?*", *Periodontology 2000*, 15.1, 1997, pp. 7-14.

33 Pearson, K. L., "*Nutrition and the early-Medieval diet*", *Speculum*, vol. 72, n°1, Jan. 1997, pp. 1-32.

34 「文藝復興」這個專有名詞出現得較早，但歷史將之劃分為中世紀和文藝復興，確實是在十九世紀。

35 Tollebeek, Jo, "*'Renaissance' and 'fossilization': Michelet, Burckhardt, and Huizinga*", *Renaissance Studies*, vol. 15, n°3, sept. 2001, pp. 354-366.

36 Classen, Albrecht, *The Medieval Chastity Belt: A Myth-Making Process*, Palgrave MacMillan, 2007.

37 Delatouche, Raymond, « Regards sur l'agriculture aux temps carolingiens », *Journal des savants*, n°2, 1977, pp. 73-100.

38 Corbier, Mireille, "*The ambiguous status of meat in ancient Rome*", *Food and*

Foodways: Explorations in the History and Culture of Human Nourishment, 3: 3, 1989, pp. 223-264.

39 Plouvier, Liliane, « L'alimentation carnée au Haut Moyen-Âge d'après le *De observatione ciborum* d'Anthime et les *Excerpta* de Vinidarius », *Revue belge de philologie et d'histoire*, tome 80, fasc. 4, 2002, pp. 1357-1369.

40 Heather Rose Jones：作家、歷史學家，寫了一篇精彩的文章來談查理曼大帝和乳酪的故事，文章詳見：http://archive.is/Mv6C7

41 Bonnassie, Pierre, *From Slavery to Feudalism in South-Western Europe*, trad. de J. Birrell, Cambridge, 1991, p. 19.

42 Lewis, Bernard, *Race and Slavery in the Middle East: An Historical Enquiry*, Oxford University Press, 1990.

43 Shatzmiller, Maya, "*Economic Performance and Economic Growth in the Early Islamic World*", *Journal of the Economic and Social History of the Orient*, 54, 2011, p. 155.

44 Salloum, Habeeb, "*Sicily*", *Regional Cuisines of Medieval Europe: A Book of*

Essays, Routledge, 2012, p. 114.

45 Squatriti, Paolo, "*Of Seeds, Seasons, and Seas: Andrew Watson's Medieval Agrarian Revolution Forty Years Later*", *The Journal of Economic History*, vol. 74, n°4, déc. 2014, p. 1205.

46 Zaouali, Lilia, "*Medieval Cuisine of the Islamic World: A Concise History with 174 Recipes*", University of California Press, 2009.

47 這一段是從上述引用的Pierre Bonnassie的著作摘要而來，但不盡完整。

48 Zaouali, *op. cit.*

49 關於黑死病的來源目前並沒有共識。我在此所根據的資料來自猶他大學Mark Damen教授的課程（詳見http://archive.is/tIQ5S）。有些研究駁斥桿菌的立論，比如Cohn, Samuel, "*The Black Death: End of a Paradigm*", *The American Historical Review*, vol. 107, n°3, 2002, pp. 703-738 ou: Christakos, G. & Olea, R.A., "*New space-time perspectives on the propagation characteristics of the Black Death epidemic and its relation to bubonic plague*", *Stochastic Environmental Research and Risk Assessment*, 19: 307, 2005.

其他不同的解釋提及這是一種來自炭疽病、腺鼠疫或伊波拉——甚至是一種現今應該已消失的疾病組合。

50 Christakos et al., *op. cit.*

51 Carpentier, Elisabeth, « Autour de la peste noire: famines et épidémies dans l'histoire du XIVe siècle », *Annales — Économies, Sociétés, Civilisations*, vol. 17, n°6, 1962, pp. 1062-1092

52 Pamuk, Şevket, "*The Black Death and the Origins of the 'Great Divergence' across Europe, 1300–1600*", *European Review of Economic History*, vol. 11, n°3, 2007, pp. 289–317.

53 Herlihy, David, *The Black Death and the Transformation of the Wes*,. Harvard University Press, 1997.

54 Barry, Stéphane et Gualde, Norbert, « La Peste noire dans l'Occident chrétien et musulman, 1347-1353 », *Canadian Bulletin of Medical History*, vol. 25, n°2, 2008, pp. 461-498.

55 Pamuk, *op. cit.*

56 關於二十世紀實際薪資的增加，資料來自：Zwart, Pim, et al. “*Real Wages since 1820*” in *How Was Life? Global Well-being since 1820*, OECD Publishing, 2014.

57 Dyer, Christopher, “*Changes in Diet in the Late Middle Ages: The Case of Harvest Workers*”, *Agricultural Historical Review*, vol. 36, n°1, 1988.

58 Woolgar, C.M. et al. “*Food in Medieval England: Diet and Nutrition*”, *Oxford University Press*, 2009, pp. 101, 155.

59 Serventi, Silvano, et Sabban, Françoise, *Pasta: The story of a universal food*, Columbia University Press, 2002, p. 13.

60 Squatriti, P., *op. cit.*

61 關於麵的歷史，Clifford A. Wright的這份摘要簡述很珍貴：http://archive.is/55qgr

62 Weingarten, Susan, “Medieval Hanukkah Traditions: Jewish Festive Foods in their European Contexts”, *Food and History*, 8.1, 2010, pp. 41-62.

63 Sereni, Emilio, et al. “*I napoletani da mangiafoglia a mangiamaccheroni: note di storia dell’alimentazione nel Mezzogiorno*”, *Istituto Alcide Cervi-Biblioteca*

Archivio Emilio Sereni, 2013.

64 Serventi et Sabban, *op. cit.*, p. 106.

65 Laurioux, Bruno, « De l'usage des épices dans l'alimentation médiévale », *Médiévales — Nourritures*, n°5, 1983, pp. 15-31.

66 Herlihy, *op. cit.*

67 Andrews, Jean, "*Diffusion of Mesoamerican Food Complex to Southeastern Europe*", *Geographical Review*, vol. 83, n°2, avril 1993, pp. 194-204.

68 Andrews, *op. cit.*

69 Revilla, P. et al. "*Isozyme variability among European maize populations and the introduction of maize in Europe*", *Maydica*, vol. 48, n°2, 2003,pp. 141-152.

70 根據*Le viandier de Guillaume Tirel*, édition de 1892, voir: http://archive.is/woZDU

71 Colson, Maryse, « La naissance du livre de cuisine — Étude discursive des ouvrages culinaires d'Ancien Régime (1651-1799) », thèse doctorale, 2014.

72 *Les Dons de Comus ou l'Art de la Table*, 1758, voir: http://archive.is/6BpXP

73 Watts, Sydney, « Boucherie et hygiène à Paris au XVIIIe siècle », *Revue d'histoire*

moderne et contemporaine, vol. 51-3, n°3, 2004, pp. 79-103.

74 Baylé, Maylis, *L'architecture normande au Moyen-Âge — Les étapes de la création*, Éditions Charles Corlet, 2001, p. 191.

75 Luther, Martin, "*An den christlichen Adel deutscher Nation von des christlichen Standes Besserung*", *Verein für Reformationsgeschichte*, 1884, p. 54（由作者自行翻譯）。

76 Patry, Henri, « Les débuts de la Réforme protestante à Bordeaux et dans le ressort du parlement de Guyenne », *Revue historique* 110, fasc. 2, 1912, p. 316. 句子經過改寫以便易於閱讀。

77 Vincent, Gilbert, « Des mots et des mets — Protestantisme et frugalité », *Social compass*, 43.1, 1996, pp. 27-45.

78 Lindberg, Carter, "*The Swiss Connection: Zwingli and the Reformation in Zurich*", *The European Reformations*, 2e éd., 2010, pp. 161-187.

79 Rambourg, Patrick, « Manger gras — Lard, saindoux, beurre et huile dans les traités de cuisine du Moyen-Âge au XXe siècle », *Trop gros?*, Autrement, 2009, pp. 75-91.

80 Taubes, Gary, "*Is Sugar Toxic?*", New York Times, 13 avril 2011, voir: http://archive.is/P1x7g

81 Hirschfelder, Gunther, *op. cit.*, p. 156.

82 Hugh, Thomas, *The Slave Trade — The Story of the Atlantic Slave Trade: 1440-1870*, Simon & Schuster, 1997, p. 804.

83 Hugh, Thomas, *The Slave Trade — The Story of the Atlantic Slave Trade: 1440-1870*, Simon & Schuster, 1997, p. 804.

84 二〇一七年遭到艾瑪和瑪麗亞颶風摧毀的安納貝格糖廠遺址博物館，是了解十八世紀這個製糖過程的絕佳例子。見：http://archive.is/up2pc

85 Tadman, Michael, "*The Demographic Cost of Sugar: Debates on Slave Societies and Natural Increase in the Americas*", *The American Historical Review*, vol. 105, n°5, 1er déc. 2000, pp. 1534-1575.

86 O'Connor, Anahad, "*How the Sugar Industry Shifted Blame to Fat*", *New York Times*, 12 sept. 2016, voir: http://archive.is/ws2YE

87 de La Casinière, Nicolas, « La Semaine du Dégoût », *Zélium*, 13 oct. 2015, voir:

http://archive.is/tdtFD

88 « Education au goût, des leçons qui font école », *Grain de Sucre*, n°32, janvier 2014.

89 在二〇一六年的學習單裡，頁十三～十四。

90 Raoult, Didier, « Il faut diviser notre consommation de sucre par trois ! », *Le Point*, 22 avril 2014, voir: http://archive.is/Jxsik

91 Slavin, Philip, "*Climate and famines: a historical reassessment*", *Wiley Interdisciplinary Reviews: Climate Change*, 7.3, 2016, pp. 433-447.

92 Pearson, K. L., *op. cit.*

93 Stone, David, "*Medieval farm management and technological mentalities: Hinderclay before the Black Death*", *The Economic History Review*, 54.4, 2001, pp. 612-638.

94 Dyer, Christopher, *op. cit.*, p.32.

95 Bonnassie, *op. cit.*

96 Cubero, José, *Histoire du vagabondage — Du Moyen Âge à nos jours*, Éditions Imago, 1999.

97 Smith, Robert Ernest Frederick, et David, Christian, *Bread and Salt: a social and economic history of food and drink in Russia*, Cambridge University Press, 1984, p. 349.

98 Notamment Pearson, K. L., *op. cit.*, p.26, et Bonnassie, *op. cit.*, pp. 289-291.

99 比如在貝爾根—貝爾森集中營：Cesarani, David, "*A brief history of Bergen-Belsen*", *Holocaust Studies*, 12.1-2, 2006, pp. 13-21.

100 Reid, Anna, *Leningrad: Tragedy of a city under siege*, 1941-44, A&C Black,2011, p. 288.

101 Snyder, Timothy, *Bloodlands: Europe between Hitler and Stalin*, Random House, 2011, p. 52.

102 Diamond, Jared M, "*Archaeology: talk of cannibalism*", *Nature*, 407.6800, 2000, pp. 25-27.

103 同上。

104 Schutt, Bill, *Cannibalism: A perfectly natural history*, Algonquin Books, 2017.

105 Bethge, Philip, "*The Healing Power of Death*", *Der Spiegel*, 30 janvier 2009, voir:

http://archive.is/GQM0

106 Reader, John, *Potato: a history of the propitious esculent*, Yale University Press, 2009, p. 90 et suiv.

107 Komlos, John, « Penser la révolution industrielle », *Histoire, économie et société*, 1996, 15e année, n°4, pp. 615-629.

108 Hawkes, John Gregory, "*History of the potato*" in *The potato crop: The scientific basis for improvement*, 1992, pp. 1-12.

109 Reader, *op. cit.*, p. 80 et suiv.

110 同上，頁一一三。

111 同上，頁一一一。

112 McNeill, William H., "*How the potato changed the world's history*", *Social Research*, 1999, pp. 67-83.

113 Eugène-Humbert, Guitard, « A.-A. Parmentier; la pomme de terre dans la légende et dans l'histoire: Félix Pancier, in *La Renaissance de Montdidier; Inauguration de la statue de A.-A. Parmentier* », *Revue d'histoire de la pharmacie*, 21.84, 1933,

pp. 201-203.

114 Nunn, Nathan, et Nancy, Qian, “*The potato's contribution to population and urbanization: evidence from a historical experiment*”, *The Quarterly Journal of Economics*, 126.2, 2011, pp. 593-650.

115 Voir Nunn et Qian, *op. cit.*, pour les patates et pour le lait: Cook, C. Justin, “*Potatoes, milk, and the Old World population boom*”, *Journal of Development Economics*, 110, 2014, pp. 123-138.

116 Boisard, Pierre, *Camembert, mythe français*, Odile Jacob, 2007。除非另有說明，否則本章資訊均來自這本書。

117 de Laveleye, A., *Histoire financière des chemins de fer français*, Lacroix & Baudry, 1860, pp. 36, 57.

118 Ricard, Daniel, *Le Guide du Brie de Meaux*, Union syndicale interprofessionnelle de défense du brie de Meaux, 2000.

119 Boisard, Pierre, *op. cit.*

120 *Compte-rendu des travaux du premier congrès international pour la répression des*

fraudes alimentaires et phramaceutiques, Société universelle de la Croix-Blanche, Soullier, 1909, p. 97.

121 "Nos Vins en Autriche", *La Gironde vinicole: Organe des intérêts de la région bordelaise,* 15 sept. 1913.

122 Guillem-Llobat, Ximo, "*The Search for International Food Safety Regulation. From the Commission Internationale pour la répression des falsifications to the Société universelle de la Croix Blanche (1879–1909)*", *Social History of Medicine*, 27.3, 2013, pp. 419-439.

123 這些例子擷取自：Cabanès, « Aliments Avariés », *Le Chenil — Journal des chasseurs et des éleveurs*, 8 août 1912.

124 Spiekermann, Uwe, "*Redefining food: the standardization of products and production in Europe and the United States, 1880–1914*", History and Technology, 27.1, 2011, pp. 11-36.

125 這些定義可在歐盟執行委員會第543/2011號條例中找到。

126 尤其可以參考內政部與原子能委員會所主導的SNIFFER計畫。詳見：http://

archive.is/g3KDw

127 Martínez, María Elena, Max-Sebastián Hering Torres, et David Nirenberg, eds., *Race and blood in the Iberian world*, LIT Verlag Münster, vol. 3, 2012, p. 133.

128 這就是二十世紀初，透過作為結婚禮物的食譜書而流行起來的「好的資產階級料理」（gut bürgerliche Küche）。這種烹飪身分同質化的另一個理由也跟人口流動有關：十九世紀，有一半的德國人口搬移他們的居住地。感謝 Günther Hirschfelder 提供這些資訊。

129 南方德國人的立法抗爭持續了很久，從一八七一年到一九五〇年代，以下是它的歸納總結：Zacher, Hans Friedrich, "*Der Kampf um das reine Bier*", *Bayerische Staatszeitung und Bayerischer Staatsanzeiger*, 16, 1955, p. 8.

130 關於法國第三共和時期推行之法國區域多樣性的學習：Thiesse, Anne-Marie, « Ils apprenaient la France: l'exaltation des régions dans le discours patriotique », Les Éditions de la MSH, vol. 17, 1997.

131 Laferté, Gilles, « La production d'identités territoriales à usage commercial dans l'entre-deux-guerres en Bourgogne », *Cahiers d'économie et de sociologie rurales*,

62, 2002, pp. 65-95.

132 Csergo, Julia, « L'émergence des cuisines régionales », *Histoire de l'alimentation*, Paris, Fayard, 1996, pp. 823-841; p.837。作者強調一個地方與它的特產之間在配對上「任意」的特質。

133 Sala, George Augustus, "*A Journey Due South: Travels in Search of Sunshine*", London, Vizetelly, 1885, p. 48.

134 參見尼姆觀光局的「美食」（Gastronomie）頁面：http://archive.is/OoCbR

135 比如，在一八〇四年的美食家年鑑裡，Grimod一次也沒有提到布列塔尼可麗餅。他只提到布列塔尼的奶油、魚類還有……芥末醬！我所能找到的第一個「布列塔尼可麗餅」評註，出現在一八五〇年的« Dictionnaire breton-français de Le Gonidec, précédé de sa grammaire bretonne, et enrichi d'un avant-propos, d'additions et des mots gallois et gaëls correspondant aux Bretons », par Th. Hersart de la Villemarqué。根據*A shilling cookery for the people*（1854），那個年代，在法國的可麗餅，是一種介於焦糖奶油酥（Kouign-Amann）和奶油餅乾之間的奶油糕點，但是不含糖。

136 Csergo, Julia, « La gastronomie dans les guides de voyage: de la richesse industrielle au patrimoine culturel, France XIXe-début XXe siècle », *In Situ*, 15, 2011.

137 關於這種可麗餅的食譜：Soyer, Alexis Benoît, *A shilling cookery for the people*, Geo, Routledge & Company, 1854, p. 125.

138 關於十九世紀布列塔尼地區的窮困狀況：Weber, Eugen, *Peasants into Frenchmen: The modernization of rural France, 1870-1914,* Stanford University Press, 1976.

139 關於蕎麥這種作物的傳播：Ohnishi, Ohmi, "*Search for the wild ancestor of buckwheat III. The wild ancestor of cultivated common buckwheat, and of tatary buckwheat*", *Economic Botany*, 52.2, 1998, pp. 123-133.

140 關於布列塔尼蕎麥的非特異性，可以參考：Collins, James B, *Classes, Estates and Order in Early-Modern Brittany*, Cambridge University Press, 2003, p.41，裡面提到蕎麥僅佔布列塔尼貿易糧食的一小部分；亦可參考：Besnou, Léon, *Sur la Valeur agricole et alimentaire du sarrasin ou blé noir*, 1859，作者在裡面引用了一八五〇年布朗基先生（M. Blanqui）的話，他訝異道：「（在布列塔尼與諾曼

第）人們竟然還在種植像蕎麥這種粗劣的食物」。「還在」這個詞指出從前布列塔尼的蕎麥種植很普遍。

141 在一項請受訪者提供五個答案的市調裡，有五分之一的受訪者提到庫斯庫斯；在另一份可提供兩個答案的市調裡，有十分之一的受訪者提到庫斯庫斯。在這兩份市調中，只有鴨胸優於庫斯庫斯。二〇一一年TNS市調：http://archive.is/jeXo1，二〇一五年BVA市調：http://archive.is/khCpI

142 Alexander, Michelle M., et al. "*Diet, society, and economy in late medieval Spain: stable isotope evidence from Muslims and Christians from Gandía, Valencia*", *American journal of physical anthropology*, 156.2, 2015, pp. 263-273.

143 Chesnier du Chesne, A., « Les Quarante à table ou la cuisine dans le Dictionnaire », *Le Monde*, 28 févr. 1953.

144 一九四七年，一篇《世界報》的文章指出了非阿拉伯人購買庫斯庫斯之禁令的終結：« On nous promet pour janvier l'amélioration de quelques rations », *Le Monde*, 27 déc. 1947.

145 Prochaska, David, *Making Algeria French: Colonialism in Bône*, 1870-1920,

Cambridge University Press, 2002. p. 187.

146 比如這邊的例子：Leveuf, André, « Le discours d'Alger a provoqué quelques déceptions », *Le Monde*, 31 mai 1955.

147 Hubbell, Amy L., *Remembering French Algeria: Pieds-Noirs, Identity, and Exile*, U of Nebraska Press, 2015, pp. 13-14.

148 一九六二年，「荷內」餐廳剛開張並提供庫斯庫斯（http://archive.is/9IaXi）。一九六三年，我們發現一場「僑胞庫斯庫斯同歡會」（http://archive.is/HGNsc）以及一九六四的一場「庫斯庫斯大對決」（http://archive.is/ar6TD）。一九六七年，庫斯庫斯明確成為代表黑腳的一道菜（http://archive.is/tFdX6）。

149 « Trois week-ends pour un excentrique — Du "fada" au prophète », *Le Monde*, 26 déc. 1970.

150 Ui, Jun, *Industrial pollution in Japan*, United Nations University Press, 1992.

151 Gjedrem Trygve (ed), *Fiskeoppdrett. Vekstnæring for distrikts-Norge*, Landbruksforlaget, 1993. Cité dans *National Aquaculture Sector Overview: Norway*, Food and Agriculture Organization of the United Nations, voir: http://archive.is/kBkb

152 “*How The Desperate Norwegian Salmon Industry Created A Sushi Staple*”, NPR, voir: http://archive.is/PWjrM

153 Millau, Christian, *Dictionnaire amoureux de la gastronomie*, Plon, 2010。不過裡面提到的公會嚴正否認這個說法（見Lucie de la Héronnière, « La vraie recette de la tartiflette (qui n’est pas une invention marketing) », *Slate.fr*, 1er avril 2014: http://archive.is/IZx01）。但公會錯了，他們在一九九〇年印製各種廣告，炫耀薩瓦焗烤馬鈴薯就跟傳統產物沒兩樣（見Micoud André, « Le reblochon de Savoie, ou comment mettre toute la montagne dans votre assiette », in: *Revue de géographie alpine*, tome 86, n°4, 1998, pp. 71-80），所以他們無法忽略其聲明的謬誤。

154 這一段所有資訊都來自與Vincent Flauraud（Universié Clermont-Auvergne教授，二〇一七年十月）的訪談。

155 我選了所有名字裡包含kebab、kebap或döner的餐廳、速食店、酒吧等等。結果是有偏差的，因為OpenStreetMap的資料主要來自行政管理單位或使用者。在那些官方地圖品質不佳或少有網路使用者主動提供地圖資訊的國家，資料就比較少。然而，我想儘管有偏差，其結果仍是有效的。

156 為什麼沒有早一點出現？顯然在十九世紀末之前，生活水準並沒有高到足以讓夠多的人食用新鮮肉類。

157 Çağlar, Ayşe Ş., "*McDöner: Dönerkebab und der Kampf der Deutsch-Türken um soziale Stellung*", *Sociologus*, 1998, pp. 17-41.

158 同上。這一段其他資訊亦然。

159 就像一九九四年《世界報》一篇報導所證實，米盧斯（Mulhouse）一位國民陣線（Front National）的成員使用近期開張的K霸餐廳做為競選活動的論據：「米盧斯地方選舉的競選準備：博克勒先生（M. Bockel，社會黨）對上極右派」，《世界報》，一九九四年三月十七日。

160 我在《世界報》的檔案庫裡尋找包含kebab一詞的文章。直到一九九八年，記者都把它視為一種異國食物。在這之後，不管K霸指的是三明治或是一家餐廳，記者報導時都不再需要對它多做註解了。

161 Bruneau, Michel, « Une immigration dans la longue durée: la diaspora grecque en France », *Espace, populations, sociétés*, 14.2, 1996, pp. 485-495.

162 Alegria, Oscar, "*Doce arenques por un cordero*", *El Pais*, 27 juillet 2002, voir:

http://archive.is/OO44K
163 Musk, Kimbal, "*Why I'm empowering 1,000's of millennials to become #realfood entrepreneurs through Vertical Farming*", *Medium*, 23 aout 2016, voir: http://archive.is/XsykA
164 關於這些生菜沙拉的計算，詳見：Albright, Louis, "*Peri-Urban Horizontal Greenhouses*", *Resource*, mars-avr. 2013, http://archive.is/Z5Nyu
165 Siegel, Eric, "*Dirt-Free Farming: Will Hydroponics (Finally) Take Off?*", *Modern Farmer*, 18 juin 2013, voir: http://archive.is/dMSu8
166 Miller, A. Whitman, et al., "*Shellfish Face Uncertain Future in High CO2 World: Influence of Acidification on Oyster Larvae Calcification and Growth in Estuaries*", *Plos One*, Public Library of Science, 2009.
167 Dolan, Maria, "*Are Oysters Doomed?*", *Slate*, 18 fév. 2013, voir: http://archive.is/lx8nd
168 Rutterford, Louise et al, "*Future fish distributions constrained by depth in warming seas*", *Nature Climate Change*, 5, 2015, pp. 569-573.

169 Wallace-Wells, David, “*The Uninhabitable Earth, Annotated Edition*”, *New York Magazine*, 14 juillet 2017, voir: http://archive.is/7n4Pg

170 法國農業及食品部／糧食、農業與農村地區總署（CGAAER）第16072號報告« Eau, agriculture et changement climatique: statu quo ou anticipation? », juillet 2017.

171 Dean, Sam, “*What is causing the 2017 vegetable shortage and what does it mean for consumers?*”, *The Telegraph*, 3 févr. 2017, voir: http://archive.is/VkFQW

172 見歐盟統計局（Eurostat）ComExt資料庫。

173 Lire chez Bloomberg: “*Russia Expands Grip on Wheat Exports as Asia Set to Buy More*” (31 août 2017) http://archive.is/mVdLJ et “*In a World Flooded by Wheat, Cutting a Crop by Half Isn't Enough*” (7 oct. 2017) http://archive.is/2vcpQ

174 Nations Unies, “*Report on the World Social Situation*”, chap. 4, “*The Global Food Crises*”, 2011, voir: http://archive.is/BHAIO

175 氣候變遷與生物多樣性辦公室的員工人數，由農業部媒體處於二〇一七年十月十日提供。

176 Carroy, Chrystelle, « Nathalie Guesdon nommée sous-directrice adjointe forêt-bois et bioéconomie au ministère de l'Agriculture », *Forestopic*, 5 octobre 2017, voir: http://archive.is/uXIDi

【Eureka】ME2103

美食也吹牛：羅馬人的魔法藥水是魚醬？以前喝咖啡加鹽不加糖？
鮭魚壽司不是日本傳統料理？原來餐桌上的食物很有事！

Bouffes Bluffantes – La véritable histoire de la nourriture, de la préhistoire au kebab

作　　者❖尼可拉．凱瑟－布利Nicolas Kayser-Bril
譯　　者❖陳文瑤
封面設計❖萬亞雰
排　　版❖張彩梅
總 編 輯❖郭寶秀
責任編輯❖江品萱
行　　銷❖許純綾

發 行 人❖凃玉雲
出　　版❖馬可孛羅文化
10483台北市中山區民生東路二段141號5樓
電話：(886)2-25007696
發　　行❖英屬蓋曼群島商家庭傳媒股份有限公司城邦分公司
10483台北市中山區民生東路二段141號11樓
客服服務專線：(886)2-25007718；25007719
24小時傳真專線：(886)2-25001990；25001991
服務時間：週一至週五9:00～12:00；13:00～17:00
劃撥帳號：19863813　戶名：書虫股份有限公司
讀者服務信箱：service@readingclub.com.tw
香港發行所❖城邦（香港）出版集團有限公司
香港灣仔駱克道193號東超商業中心1樓
電話：(852)25086231　傳真：(852)25789337
E-mail：hkcite@biznetvigator.com
馬新發行所❖城邦（馬新）出版集團【Cite(M) Sdn. Bhd. (458372U)】
41-3, Jalan Radin Anum, Bandar Baru Sri Petaling,
57000 Kuala Lumpur, Malaysia.
電話：(603)90578822　傳真：(603)90576622
E-mail：services@cite.com.my
輸出印刷❖前進彩藝有限公司
一版一刷❖2022年8月
定　　價❖330元（紙書）
定　　價❖231元（電子書）

ISBN 978-626-7156-16-2（平裝）
EISBN 978-626-7156-18-6（EPUB）
城邦讀書花園
www.cite.com.tw

國家圖書館出版品預行編目（CIP）資料

美食也吹牛：羅馬人的魔法藥水是魚醬？以前喝咖啡加鹽不加糖？鮭魚壽司不是日本傳統料理？原來餐桌上的食物很有事！／尼可拉．凱瑟-布利（Nicolas Kayser-Bril）作；陳文瑤譯. -- 一版. -- 臺北市：馬可孛羅文化出版：英屬蓋曼群島商家庭傳媒股份有限公司城邦分公司發行, 2022.08
面；　公分--（Eureka；ME2103）
譯自：Bouffes bluffantes: la véritable histoire de la nourriture, de la préhistoire au kebab.
ISBN 978-626-7156-16-2（平裝）
1. CST：飲食風俗　2. CST：文化史
538.709　　111009867

Bouffes Bluffantes
by Nicolas Kayser-Bril

First published in France by NOURITURFU SAS
Published by arrangement with NOURITURFU SAS
through JULIE FINIDORI AGENCY & LEE's Literary Agency